自分の精神を変えることができれば、
人生を変えることができる。

――ウィリアム・ジェームズ（1842－1910、アメリカを代表する心理学者・哲学者）

まえがき　日本のみなさんへ

この『THINK STRAIGHT』（本書原題）を出版してから6年がたった今、日本のみなさんにもこの本をお届けできることをとても嬉しく思っている。この本は私にとって特別な存在だ。それは、私の本の中でいちばん売れたからではない。全世界の読者から、とても心のこもった反応があったからだ。

私たちはしばしば、いちばん必要としている本と、いちばん必要としているときに出会う。あなたと『THINK STRAIGHT』も、そんな出会いであることを願っている。

私がこの本を書いたのは、人生でかなりつらい時期を経験した後のことだった。どんな困難だったかはこの本を読んでもらうとして、当時、私は行きづまり、無力感にさいなまれていた。人生がまったく前に進んでいないように感じていた。

その結果、気持ちが極端にネガティブになり、いつもストレスまみれで、胸が苦しく、夜は眠れず、気分の落ち込みがずっと続いた。

もし今のあなたが、何らかの難しい状況にあるのなら、知っておいてもらいたいことがある。それは、あなたは1人ではないということ、そして今の状況は永遠には続かないということだ。

まわりの環境を変えるための能力やリソースが、いつでも手に入るわけではないかもしれない。しかし、**自分の考え方ならいつでも変えることができる。そして、それこそが成功への第一歩だ。**

私たちはしばしば、人生を向上させるために、自分の外側の要素に目を向ける。しかし本当の変化は、自分の思考や信念から始まるのだ。

私がこの『THINK STRAIGHT』で目指すのは、**あなたが意思決定のスキル、集中力、そして精神の明晰さを手に入れるために、役に立つ考え方やテクニック**を提供することだ。この本を読んだら、本に書かれていたことをぜひあなたの人生で実践し、ポジティブな影響を実際に体験してもらいたい。

もっとも影響力が大きい哲学者の1人で、私の考え方を形づくってくれた人物は、プラグマティズムという分野のパイオニア、ウィリアム・ジェームズだ。彼の哲学は、思考を実践に応用することに重きを置いている。「大切なのは実際に行動して試してみること」という考え方だ。

ジェームズは、「ストレスに対抗する最大の武器は、ある思考の代わりに『別の思考』を選ぶ能力だ」という言葉を残している。この言葉は、私の人生にとても大きなインパクトを与えた。プラグマティズムが人生に与える力を見事に表現した言葉だ。

人生にプラグマティズムの考え方を適用すれば、すべてのことがもっとシンプルになる。それが、この『THINK STRAIGHT』でいちばん大切なメッセージだ。

この本をあなたの人生に迎え入れてくれてどうもありがとう。私の経験と知識をあなたと共有する機会を与えてもらって、とても感謝している。明晰な思考、個人の成長、そして成功を目指すあなたの旅で、この本がガイドの役割を果たすことを願っている。

読者のみなさんの幸福を願って。

２０２３年６月、オランダにて
ダリウス・フォルー

まっすぐ考える　考えた瞬間、最良の答えだけに向かう頭づくり　目次

〈日本語版限定ボーナスチャプター〉

カバーデザイン　野副さつき
本文デザイン＋ＤＴＰ　荒井雅美（トモエキコウ）
編集協力　株式会社鷗来堂
編集　梅田直希（サンマーク出版）

思考は自分で選べる

1869年、ハーバード大学医学部を卒業し、医者になったばかりの27歳のある男は、「存在意義の危機」のまっただ中にあった。自分がこの世界に存在する意味や、人生の目的がわからず、苦悩していたのだ。

彼が何らかの逆境に直面したのはこれが初めてではない。医学部ですごした6年間、さまざまな病気や、うつ病の発症によって、何度も勉学が中断されていた。しかし今回の危機は、以前にも増して悪質だった。数か月にわたって自殺を考えたほどだ。

彼の名はウィリアム・ジェームズ。後に、アメリカを代表する心理学者になり、「プラグマティズム」という哲学の分野の確立に貢献している。

ジェームズがうつ病を克服するまで、3年の月日を要した。彼は自力でこの病気に打ち勝っている。とはいえ、ただの軽い気分の落ち込みだったわけではない。『ウィリアム・ジェームズ作品集（The Writings of William James）』を編集したジョン・マクダーモットの記述からは、ジェームズのうつ病がかなり深刻だったことがうかがえる。

「ジェームズはその人生の大半を費やして、自殺をしないという自らの決断は合理的だったと納得するための理由を探していた」と、マクダーモットは書いている。

その間、ジェームズはパニック発作や幻覚の症状にも悩まされていた。彼は、こういった状況に馴染みがなかったわけではない。子ども時代に、父親が同じような症状に苦しむようすを見ていたからだ。そのためジェームズは、自分の病気は遺伝が原因だと信じるようになった。遺伝なのだから、自分にできることは何もない、と。

しかし、1870年に転機が訪れる。きっかけは、フランス人哲学者のシャルル・ルヌーヴィエの随筆を読んだことだ。ジェームズは当時の日記にこう書いている。

「昨日は私の人生において転機となる1日だった。ルヌーヴィエの2作目の随筆を読み始めた。最初のパートを読み終えたところで断言できるのは、彼による自由意志の定義——『他の思考を選ぶこともできる状況で、ある思考を選んでそれを維持すること』——は、幻覚の定義にもあてはめるべきだということだ。いずれにせよ、とりあえず当面の間——来年まで——は、目の前の光景は幻覚ではないと想定することにしよう。私が発揮する最初の自由意志は、自由意志を信じることだ」

この気づきが、後にジェームズとチャールズ・サンダース・パースが創設することになる哲学の一派、プラグマティズムの核心になっている。ジェームズは、**思考は自分で選べる**ということに気がついた。言い換えると、自分の思考は自分でコントロールできるということだ。

とはいえジェームズも、人間は自分の意識をコントロールできるとは言っていない。落ち着いて座り、数分間、自分の思考を観察していると、さまざまな思考が頭に浮かんでは消えていくことに気づくだろう。思考はただそこにある。それを変えることはできない。

しかし、私たち人間には自由意志がある。**そこに存在する思考の中からどれに集中するかを選ぶことはできる。**それゆえ、意識の向かう先に影響を与えることならできるというわけだ。

これは、私たちが人生を生きるうえでとても重要な気づきだ。「こう感じてしまうのはしかたがない」という態度と、「こう感じることに決めたのは私自身だ」という態度を分けるカギになる。

ここで大切なのは「決める」という言葉だ。そしてこの本も、人間の決断について書いている。練習を重ねれば、あなたも自分の思考をもっとうまくコントロールできるようになるだろう。その結果、自分の思考を自分で決められるようになる。

思考のコントロールが上達すると、人生の質が向上し、キャリアでも成功できる。それが、私がこの本で伝えたいことだ。

あなたには、自分の思考を自分で決める力がある。思考が人生を決めるという事実を考えれば、思考をコントロールする力は、人生でもっとも大切なものであるはずだ。思考の技術を向上させることができれば、人生で達成できないことは何もない。このシンプルな気づきが、文字通りすべてを変える。

これまでも、多くの偉大な思想家が思考の大切さについて書いてきた。しかし、ウィリアム・ジェームズの名付け親で、ジェームズも大きな影響を受けたラルフ・ウォルドー・エマーソンは、シンプルにこう言い切っている――**「あなたが一日中考えていることが、あなた自身になる」**。

私もエマーソンの言葉に賛成だ。しかし、思考の後には行動が続くことも忘れてはいけない。つまり、**行動を変えたければ、まず思考を変えなければならない**ということだ。

さあ、始めよう！

「はっきり」決める

人間の脳は、私たちが持つもっとも重要なツールだ。どんなテクノロジーも、デバイスも、道具も、脳にはかなわない。『マスタリー――仕事と人生を成功に導く不思議な力――』（新潮社）の著者ロバート・グリーンは、その事実を見事に表現している。

「何かの機械や道具をフェティシズムのように偏愛するのであれば、その対象は人間の脳にすることをおすすめする。人間の脳はまさに奇跡だ。全宇宙で最強の情報処理ツールであり、その能力は驚嘆に値する。脳の複雑さを完璧に理解することはおそらく不可能だろう。現代のテクノロジーをもってしても、脳の洗練や有用性には遠く及ばない」

しかし、問題が1つある。それは、せっかく生まれながらにこの偉大なツールを所有しているというのに、正しい使い方を知らないということだ。

人間はまことに不器用な存在だ。自分では思考が得意だと思っているかもしれないが、研究によるとどうやらそうではないらしい。自分では合理的な決断をしているつもりでも、現実は違う。『予想どおりに不合理』（早川書房）の著者ダン・アリエリーはこう書いている。

「私たちは、自分が運転席に座り、人生のあらゆる決断に対する究極的なコントロール権を握っていると考えがちだが、しかしあろうことか、これはどちらかといえば願望に近い。私たちの現実の姿ではなく、**そうありたい**姿であるということだ」

つまり、私たち人間は、合理的に考えるのが苦手だということだ！

実際、20世紀以降の研究によって、人間にはそれこそ100を超える認知バイアス（間違った判断につながる思い込みや偏見のこと）があることが証明されている。

人間は、正しい情報ではなく、直感や感情で決断を下すことがよくある。私はこれまでに、よりよい意思決定に関する本を何冊も読んできた。どれもいい本だったが、この分野には1つ問題があると言わざるをえない。それは、どれも実用的ではないということだ。

人間の思考が不合理である理由については、どの本もとてもわかりやすく説明している。ところが、その思考法をどう変えるかという話になると、実用的な方法を教えてくれる本は、私の知るかぎり1冊もない。

だから私はこの本を書いた。この本には、私が思考について学んだすべてが詰まっている。私が目指したのは、あなたによりよい思考を身につけるアイデアを最低でも1つは提供すること、そしてその結果として、あなたの人生、ビジネス、キャリアが向上することだ。

私はこの本で、私の知るかぎり最高のアイデアをすべて伝えている。簡単に読める短い本になっているのは、何度もくり返し読んでもらうためだ。この本が、あなたを支える錨《いかり》のような存在になることを願っている――特に試練のときに頼りにしてもらえたら幸いだ。

この本をできるだけ実用的な本にするために、理論、物語、個人的な体験を組み合わせ、あなたの人生にも応用できるようなアドバイスを提供することを心がけた。

そこで、私からの最初のアドバイスだ――**この種の本が効果を発揮するのは、読者の側に新しい考えを受け入れる柔軟性がある場合にかぎられる。**

今の自分にはその柔軟性がないと思うなら、ここで読むのをやめて、人生の1時間を他のことに使ったほうがいい。この本は、捨ててもいいし、燃やしてもいいし、誰かにあげてしまってもいい。

読むなら読む、読まないなら読まない。**ここで大切なのは、どうするかをはっきり決めることだ。**

「役に立つ思考」と「役立たず思考」

私は人間の脳の専門家ではない。神経科学者でも、心理学者でも、哲学者でもない。人間の「思考」に関する何かの分野で、専門家を名乗れるわけではない。私は単なる1人の人間であり、それにあろうことか、実は自分の思考をコントロールするのは不可能なのではないかという考えを持っていた。

この考え方のせいで、私はかなり苦労してきた。ある日は機嫌がよくても、次の日は悲嘆に暮れていたりする。それに怒りの感情もわきやすい。キャリアやビジネス、人間関係で問題にぶつかると、たとえささいな問題であっても、解決策をなかなか見つけることができない。

しかし、私も経験を積み、日記を続け、本を読み、内省を重ねた結果、思考を上達させる方法をついに見つけることができた。

自分の思考が上達したと、どうすればわかるのか？

今の私は、自分の思考の奴隷になっていない。そしてそのおかげで、以前よりもずっと幸せだ。今の私は、思考に使われるのではなく、むしろ思考を使っている。私にとっては、それが「よりよい思考」の定義だ。

頭のよさは関係ない。たとえ難しい数学の問題が解けても、よりよい思考ができるとはかぎらない。大切なのは、目的を達成するために自分の思考を活用することだ。

とはいえ私も、よりよい思考のすべてを知っていると豪語するつもりはない。それでも、自分の経験なら自信を持って話すことができる。私は実際に、ただ思考の力だけを使って、より幸せで、健康で、豊かで、意義深い人生を実現してきた。

昔から「思考を変えれば人生が変わる」と言われているが、私の人生がこの言葉の正しさを証明している。今からほんの3年前までは、私もストレスまみれの生活を送っていた。起業したいという夢をあきらめ、自分の人生が大嫌いだった。たいていの人は同じような経験をしているはずだ。まだ人生で挫折したことがないという人も、遅かれ早かれ挫折することになるだろう。現代社会を生きるとはそういうことだ。

私はなにも、あなたを脅したいわけではない。とはいえあなたも知っているように、世の中にあふれる自己啓発本はどれも似たような内容だ。「以前の私はすっかり落ちぶれていた。お金はすっからかんで、いつも気分が晴れない。最低の人生だ。そんな私が、あるときXを見つけた。そしてついに人生を変えることができた」

そのXとは、もちろん彼らがあなたに売りつけたいものだ。私は正直なので、自分も彼らと同じだということを隠すつもりはない。私が売りつけたいのは、たとえば「役に立つ思考」と「役に立たない思考」という考え方だ。

しかし、彼らと私の間には違いもある。私はただ、この本で自分のアイデアを伝えているだけであり、そのアイデアをどうするかはすべてあなたが決めることだ。

プラグマティストで、機能心理学の生みの親の1人でもあるジョン・デューイは、「真実とは効果のあるものだ」という言葉を残している（だからといって、効果があると宣伝されているものをすべて信じる必要はない。それはただの盲信だ）。

私はこの本で、プラグマティズムを基盤とした**「明晰思考」**という思考法を提唱したい。明晰思考で大切なのは、いつでも地に足を着けていることだ。

事実を見て、他者の意見を聞き、そのうえで現実的な結論を導き出す。

頭脳を「筋肉」ととらえる

人間の精神は筋肉と同じだ。強い精神を維持するには、訓練を続けなければならない。

精神を鍛える1つの方法は、新しい知識を学ぶことだ。しかし私が見たところ、たいていの人は学校を出ると学ぶことをやめてしまう。そのタイミングは、高校を卒業したときの人もいれば、大学や大学院を卒業したときの人もいるだろう。

学校に通っている間は、新しいスキル、新しいアイデア、新しい理論を学び、それをきっかけに考え方や行動を変えたりする。しかし、自分の中で考え方が固まってしまうと、そこからはめったなことでは変わらない。

人が同じ思考を持ち続けるのは、馴染みがあって安心できるからだ。人は大人になるにつれて、新しいものを怖がるようになる。そのため、どんなことをしてでも新しいものを避けようとする。

人間は習慣の生き物だ。精神に負荷を与えることよりも、精神をリラックスさせるほうを好む。最近では、年齢を問わずあらゆる人が、「頭を休めたいからネットフリックスで何か見よう」などと言う。昔の私もそうだった。

しかし、ここで考えてほしい。私たちは、いったい何から頭を休める必要があるのだろう？　仕事でのくり返しの作業から頭を休めるのだろうか？　それとも、頭から離れないいつもの思考パターンから？

というより、そもそも私たちは、そこまで自分の頭を酷使しているだろうか？

例外はテストを受けるなどの特別な状況だけだ。そうでなければ、「頭を使うなんて無駄なことだ」という態度だろう。

何のために頭を使うのか？　それは、筋肉を鍛えるのと同じ理由だ。

引き締まった身体を維持したいなら、たとえジムに4年間通っても、その後の人生でまったく運動しないのではダメだとわかるだろう。

精神も同じで、最高の状態を維持したいのなら、ずっと訓練を続けなければならない。

それに加えて、人間にとって自分の脳ほど重要なツールは他にない。このツールを正しく活用したいなら、きちんと鍛えることが必要だ。古代ギリシャのストア派の哲学者エピクテトスは、精神を鍛えることの大切さを簡潔にして見事に表現している。

「叡智《えいち》にあふれた人生とは合理的に生きることだ。そのためには、明晰な思考を身につけなければならない。明晰な思考は偶然手に入るものではない。適切な訓練が必要だ」

ここでの問題は、エピクテトスの言う「適切な訓練」の方法がわからないことだ。私自身も、人生の大半で「自分の思考をコントロールできない」という問題を

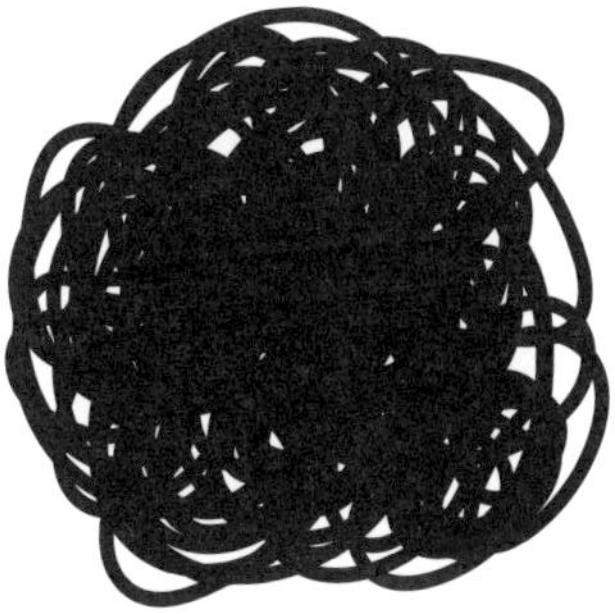

抱えていた。思考について考えたこともなかった。

かつての私は、自分の思考を絵にするよう言われたら、きっとこんな絵を描いただろう。

私の頭の中は、こんなふうにぐちゃぐちゃの状態だった。完全なカオスだ。ポジティブ、ネガティブ、悲しい、幸せといった思考がごちゃ混ぜになり、そのすべてを支配していたのが「混乱」だ。

私はいつも、「なぜ頭の中の思考は止まってくれないのだろう？　停止ボタンはどこにあるのだろう？」と考えていた。

今から思えば、かつての私は、自分の脳という偉大なツールを正しく使う方法がわかっていなかったのだ。

本当に、本当に大事なことはなに？

2014年、私は生まれ育ったオランダのレーワルデンを離れてロンドンに移り住んだ。レーワルデンの人口は10万人だが、ロンドンの人口は700万人にもなる。

環境の変化は予想していたよりも厳しかった。特に大変だったのが、住む場所を見つけること。自分で調べたり、新しい同僚たちに話を聞いたりしたところ、どうやら短期間で部屋を見つけるには、かなりぼったくられることを覚悟しなければならないらしい。

そこで私は、3か月という短期の賃貸を選んだ。そのほうがずっと簡単だったからだ。職場まで公共の交通機関で1時間以内という条件を決め、その条件の中でロンドンのさまざまな場所に住んでみることにした。それが私の計画であり、幸いにもすべてはうまくいった。少なくとも最初のうちは。

そして2か月後、サウスウエスト・ロンドンのアールズフィールドに寝室が1つの手頃な部屋を見つけた。計画は完璧だった。最初に借りた部屋を解約し、新しい部屋を借りる契約を結ぶ。両親と兄弟がわざわざオランダから車でやって来て、引っ越しの手伝いをしてくれた。荷物はそれほどなかったので、車で十分に運ぶことができる。新居までは車でわずか10分の距離だ。

これで引っ越しはすべて終わるはずだった。荷造りをして、新しい部屋の鍵を受け取り、今の部屋の鍵を大家に返し、新しい部屋に移る。後はネットフリックスでも見ながらのんびりすごせばいい。荷造りから移動まですべて同じ日に終えるつもりだった。

しかし、物事は計画通りには進まない。引っ越しの直前になって新しい大家の気が変わり、やはり貸さないと言い出したのだ。

それを言われたのは、引っ越し予定日の前日だった。前の部屋はすでに引き払っている。突然、私は住む場所を失い、ただ荷物を詰めたＳＵＶだけが残された。その日の夜、私は両親が泊まるホテルで盛大にパニックを起こした。

「どうしたらいいかわからない！　荷物は全部車に積んである。みんなにわざわざオランダから来てもらったのに、僕はこんなところで途方に暮れているだけだ」

その日、私は夜遅くまでずっと自分を責めていた。あなたはもしかしたら、「それぐらいのことで？」と驚いているかもしれない。たしかに今思えば、私の態度は少し過剰反応だった。いや、正直に言おう。私はすっかり悲劇の主人公になりきっていた。


今、私がこの出来事について話すのは、思考の影響力を理解するのにぴったりだと思ったからだ。**私は自分の思考にばかりとらわれていて、現実の状況が見えていなかった。**明晰な思考を失っていた。しかもその原因は、世界を揺るがす大問題だというならまだわかるが、実際はささいな問題だ。

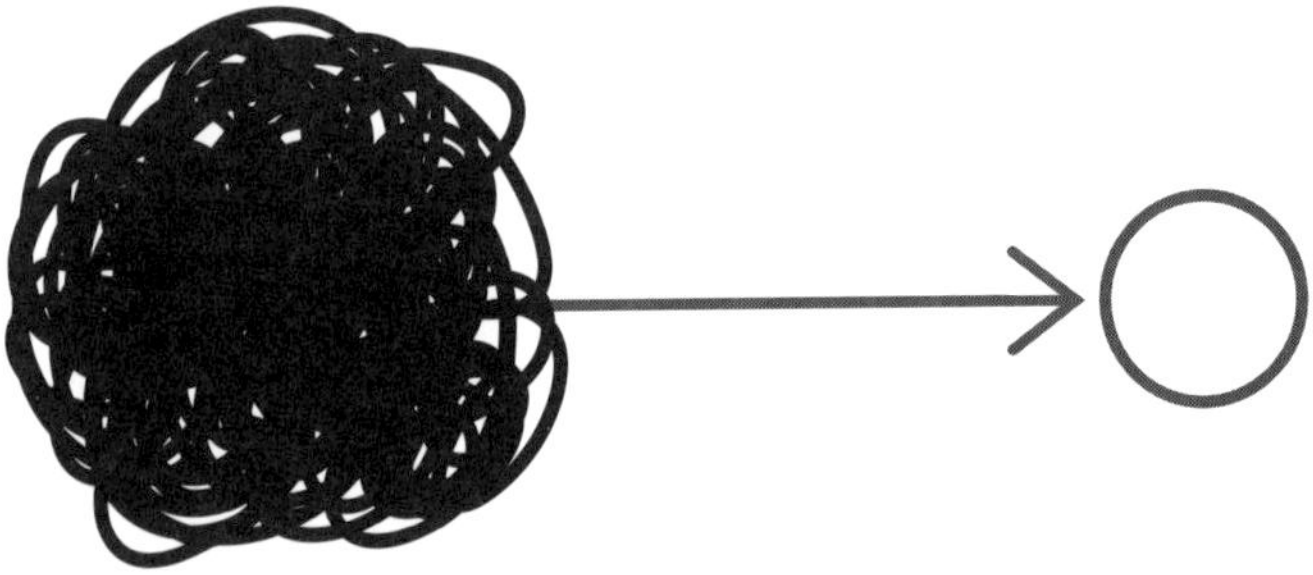

その翌日、両親や兄弟からの励ましもあり、自己憐憫にひたるのをやめて、その代わりに解決策を探すことにした。私は自分にこう言った。「Think Straight.《まっすぐ考えろ》」

頭の中の混乱を解消し、明晰思考に置き換える必要があった。**問題の核心まで、まっすぐにたどり着きたかった。**それをイラストにすると上のようになる。

左：役に立たない思考が集まってごちゃごちゃになった状態（心配、ストレス、混乱、どうしたらいいのかわからない）

右：1つの（有効な）目標を持つ明晰思考（自分の精神をツールとして活用した

い。この引っ越しという問題で、今すぐにでも解決策を見つける必要がある)

明晰思考で考えると、答えは意外と簡単に見つかった。新しい部屋が見つかるまでＡｉｒｂｎｂで部屋を借りればいい。

結局、Ａｉｒｂｎｂでの滞在は1週間になった。借りるつもりだった部屋の大家の気がまた変わり、やはり私に貸してくれることになったのだ。

つまり、あんなにストレスまみれになって心配したのは、すべて無駄だったということだ。特に思考は何の役にも立たなかった。**誰でもこういったことはよくあるのではないだろうか。自分の思い込みで勝手に決めつけて、焦って結論を出してしまう。**

私たちはただの人間だ。人間だから間違いもある。気が変わることもある。現実とは違う思い込みをしてしまうこともある。それらはすべて普通のことだ。しかし、思考の暴走を許すのは普通のことではない。

私はその後も、役に立たない思考に何度も振り回された。そしてついに、変わろうと決意する。何か決定的な気づきの瞬間があったわけでも、劇的な出来事があったわけでもない。人生はハリウッド映画とは違う。私の知るかぎり、人間というものは、小さな問題を何度もくり返し、それがある閾値《いきち》に達したときに変化する。ある時点で立ち上がり、「もうたくさんだ」と宣言する。

すると、どうなるだろう？　なんと多くの人は、それでもまったく変わらない！

しかしもちろん、あなたや私は彼らとは違う。

混乱した思考で何年も生きてきた私も、ついに「もうたくさんだ」と宣言した。もう自分の思考で自分を苦しめるのは終わりにしようと決意した。

ただそれだけのことだ。「すべてを失った」というような瞬間は特に経験しなかった。実際、そんな劇的な出来事は、現実の世界ではほぼ起こらない。

今からおよそ2年前、私は自分の思考を変えるようになった。頭の中の混乱を、明晰思考に置き換える方法を学んでいった。すると、私の心に平安が訪れた。

どうすればそんなことができるのか？　思考の歴史をおさらいしながら、私が実際に使った方法をお伝えしよう。

役に立つ「道具」を選ぶ感覚で

思考は大切だ。しかし、すべての思考が同じように大切なわけではない。思考のもっとも大きなカギは「質」だ。古代ローマの皇帝で、ストア派哲学者のマルクス・アウレリウス・アントニヌスの言葉が、思考が持つ力をもっともよく表している。「宇宙（万物）は変化だ。私たちの思考が、私たちの人生を形づくる」と、彼は言った。

自分のまわりを見わたすだけでも、人生がかつてない速さで変化していることがわかる。仕事が消え、スマホの出現で人間がゾンビのようになり、教育費はかつてないほど高騰し、生活費も急上昇しているのに給料は上がらず、自分のための時間はどんどん少なくなっている。

変化のスピードはすさまじく、たとえるなら、毎朝目覚めるたびに新しい世界が出現しているかのようだ！　あなたの思考は、この状況にどう反応するだろう？　あなたも私と似たような人間なら、きっと世の中の変化からたくさんの思考が生まれるだろう。つまり、心配や不安が増えるということだ。

この状況でどう生き残ればいい？　私の仕事はどうすれば変化する市場に適応できる？　今後のキャリアはどうしよう？　正気を失わない方法なんてあるのだろうか？

このように、自分の思考を掌握し、意のままに使いこなすのはとても難しい。

自分の思考を掌握したいという欲求は、人類の文明と同じくらい古い。紀元前5世紀には、あらゆる地域に暮らすあらゆる年代の哲学者たちが、「人間の精神は問題を解決するための道具だ」という結論を共有している。

そして多くの哲学者は、思考の質が生活の質を決めると主張する。孔子からソクラテス、デカルト、さらにはウィリアム・ジェームズにいたるまで、誰もが自分流の思考法を論じている。思考法とはつまり、**「世界の見方」**だ。

ソクラテスの哲学の根底にあるのは、すべてを疑う姿勢だ。その「すべて」の中には自分自身さえも含まれる。ソクラテスは、デルフォイの神殿で「あなたはこの地球上でもっとも賢い人間だ」という神託を受けると、「私は自分が何も知らないということは知っている」という有名な言葉を残した。ソクラテスが賢いのは、自分は何も知らないと自覚しているからだ。これもまた、1つの考え方だろう。


17世紀に生きたフランス人哲学者のルネ・デカルトは、ソクラテスの考え方をさらに一歩進めた。人生のすべてを疑うにとどまらず、自分の「存在」さえも疑ったのだ。そもそも、この現実が夢でないとどうやって断言できるのか？　もしかしたらマトリックスの中で生きているだけかもしれない。

そしてデカルトは、「Cogito ergo sum」という言葉を残した。あなたも「我思う、ゆえに我あり」という有名な訳語を聞いたことがあるだろう。自分は思考できるのだから、自分は存在するはずだ――それがデカルトの結論だった。

どんなにおかしなことや突拍子もないことを考えていても、考えているかぎりあなたはたしかに存在する。それなら、自分の存在をもっと実用的で、気楽で、楽しくて、役に立つようにしたらどうだろう？

自分の思考を観察したことや、自分の思考を紙に書いたことはあるだろうか？もしなかったら、1日でいいのでぜひ挑戦してみてもらいたい。なんなら2時間でもいい。静かに座り、頭に浮かんだことをそのまま書いていく。自分のことが怖くなるかもしれないが、心配はいらない。思考のほとんどはナンセンスなのが普通だからだ。

人間は複雑な生き物だ。デカルトもまた、自分の思考を観察し、そこにたくさんの矛盾を見つけた。彼の主張でもっとも大切なのは、自分の思い込みそのものではなく、思い込みが生まれる「根源」を疑えというものだ。思い込みのほとんどは、自分や他人の「ものの見方」から生まれている。

あなたの思考のうち、他人に言われたことから生まれている思考はどれくらいあるだろう？　あるいは、自分の第一印象や思い込みから生まれている思考は？　私たちの思考の核には、真実と虚構を区別する能力が存在する。何が真実で、何が虚構なのか？

この質問について考える1つの方法は、プラグマティズムの視点を持つことだ。ウィリアム・ジェームズは、プラグマティズムについて、「最初に目に入ったもの、原則、カテゴリー、『必要だ』とされているものから目をそらし、**最後のもの、果実、結果、事実に目を向ける態度**」だと説明している。

つまり、**「思考は役に立たなければならない」**ということだ。もし役に立たないのであれば、それは無意味な思考だ。このジェームズの説明は、そのまま明晰思考にもあてはまる。

プラグマティズムはあくまで1つの思考法であり、解決策ではない。そもそも、思考はすべて「方法」だ。あなたの思考は、あなたにとって道具の役割を果たしている。

問題は、思考はとても複雑な道具であり、使い方が難しいということだ。現にヘンリー・フォードは、「思考はこの世でいちばん難しい仕事だ。だからこそこの仕事をする人がほとんど存在しないのだろう」という言葉を残している。実際、思考はただの難しい仕事ではない。人生でもっとも大切な仕事でもある。

思考の質が人生の質を決めるという原則を忘れないようにしよう。そして、私たちの決断は、すべて私たちの思考の結果だ。

人生と成長は「曲線的」

かつての私は、いつも直線的に考えていた。

Aが起こればBが起こる。

そしてBとCが同じなら、Aが起こればCも起こる。

私は物事の外側ばかりを見ていた。最初に目に入ったものだけを見て、勝手に決めつけていた。

しかし、私の思考は、私にとって役に立つ道具にはなってくれなかった。むしろ何の役にも立っていなかった。私は自分の頭を使って考えるのではなく、ただ世間のしきたりに従っていた。考えることを他人任せにしていた。

たとえば私は、大学さえ出ておけば就職で苦労することはないと信じていた。[26]

歳くらいまでずっとその考えだった。しかし大きな挫折を経験し、人生で「絶対」はないことにやっと気がついた。お金を稼ぐのは簡単なことではない。さらに、大学を出ていることと、お金を稼ぐことの間には何の関係もない。

キャリアの成功につながる要素を、大学を出ていること以外から選ぶとしたら、私なら**「スキル」**と答えるだろう。何かがうまくできるほど、世界に提供できる価値も大きくなる。その結果、あなたが提供する価値にお金を払ってくれる人も増えるのだ。

それに加えて、目標を達成するまでの道のりは決して直線的ではない。ほとんどの人は、自分の現在地と目的地を結ぶのは1本のまっすぐな線だと考えている。

たとえばあなたの目標が、「自分のビジネスを始めて人生の自由度を高める」ことだとしよう。実際、それはずっと私自身の目標でもあった。そして、目標に向かってただ努力を続けていれば、いつか達成できるものと考えていた。

しかし、現実はそういう仕組みにはなっていない。私は何度も回り道をすること

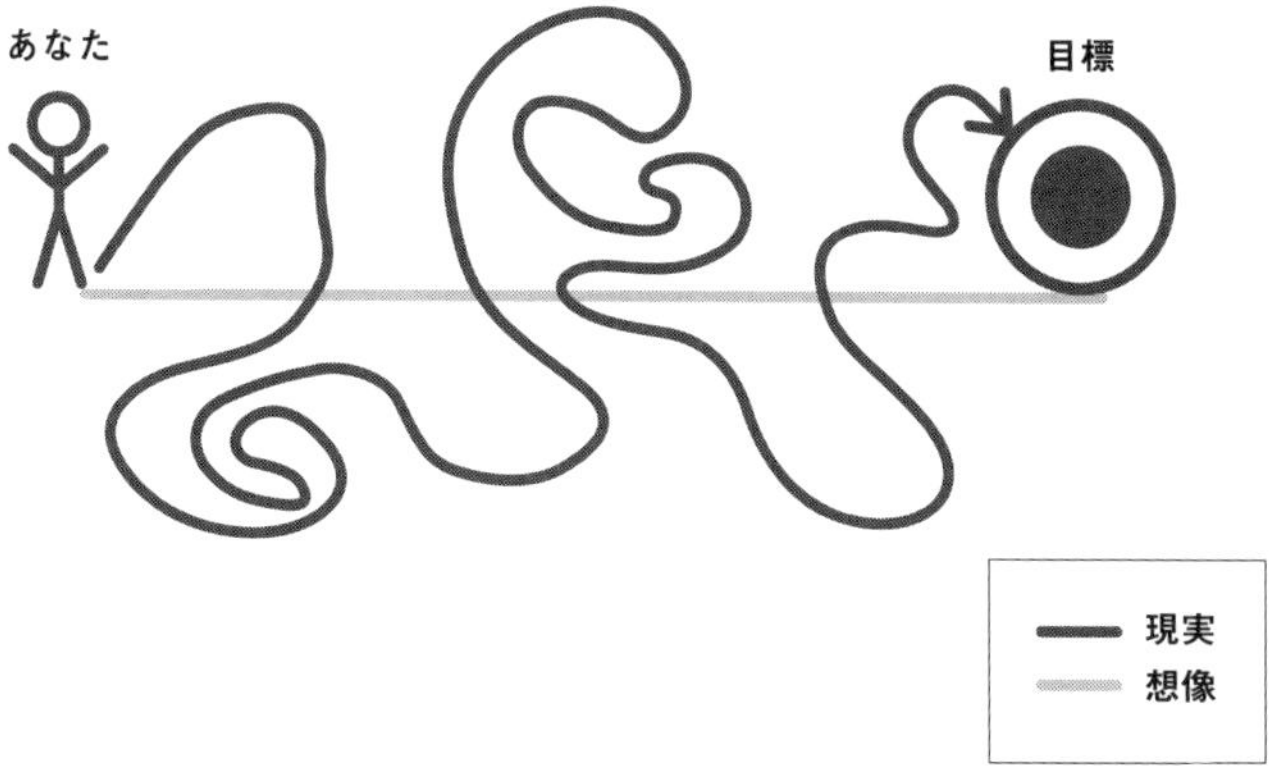

になった。その過程で、たくさんの人たちの下で働いた。起業して失敗したこともある。人生は直線的ではないと理解すると、考え方を変えることができる。

私も気持ちが挫《くじ》けそうになったことが何度もあった。ほとんどあきらめかけたこともある。しかし今の私は、物事は予定通りに進まないことを知っている。だからバックアップの計画や代替案を用意して、目標達成に少しでも近づけるように備えている。

私にはもう1つ、不動産投資をするという目標もあった。ロンドンとアムステルダムに住んでいたころは、資金不足で不動産を買うのが難しかった。やみくもに働いて資金づくりを目指す道もあったが、それだと人生の質が犠牲になってしまう。

そこで私は、他にもいい場所はないかと考えるようになった。不動産市場についていろいろ調べたところ、自分の故郷に投資するのがいちばんだという結論になった。地価は安く、知り合いもたくさんいて、人口も増えている。それに市当局も、新しいビジネスと教育に積極的に投資していた。他の選択肢を探し始めてから2か月後、私は最初の不動産を購入した。

ここで大切なのは、**目標を達成する方法は1つではない**ということだ。さらにつけ加えるなら、もし誰もが同じことをしているなら、自分はそれとは「違うこと」をしなければならない。

「知」を増やす＝「点」がいつかつながるときのために

人間の脳は絶えず働いている。意識して何かを考えていないときでもそうだ。脳には、身体全体の機能を管理するのはもちろん、まわりの情報を1つ残らずすべて監視するという仕事もある。

脳は新しい情報を検知すると、それを脳内に保存されている情報と比較する。両者の間に何か共通点はあるか？　違いはあるか？　脳はそうやって、新しいアイデアを生み出しているのだ。

脳内にはニューロンの小さなネットワークがたくさん存在し、それらが他のネットワークと互いにつながっている。それを図にすると次の通りだ。

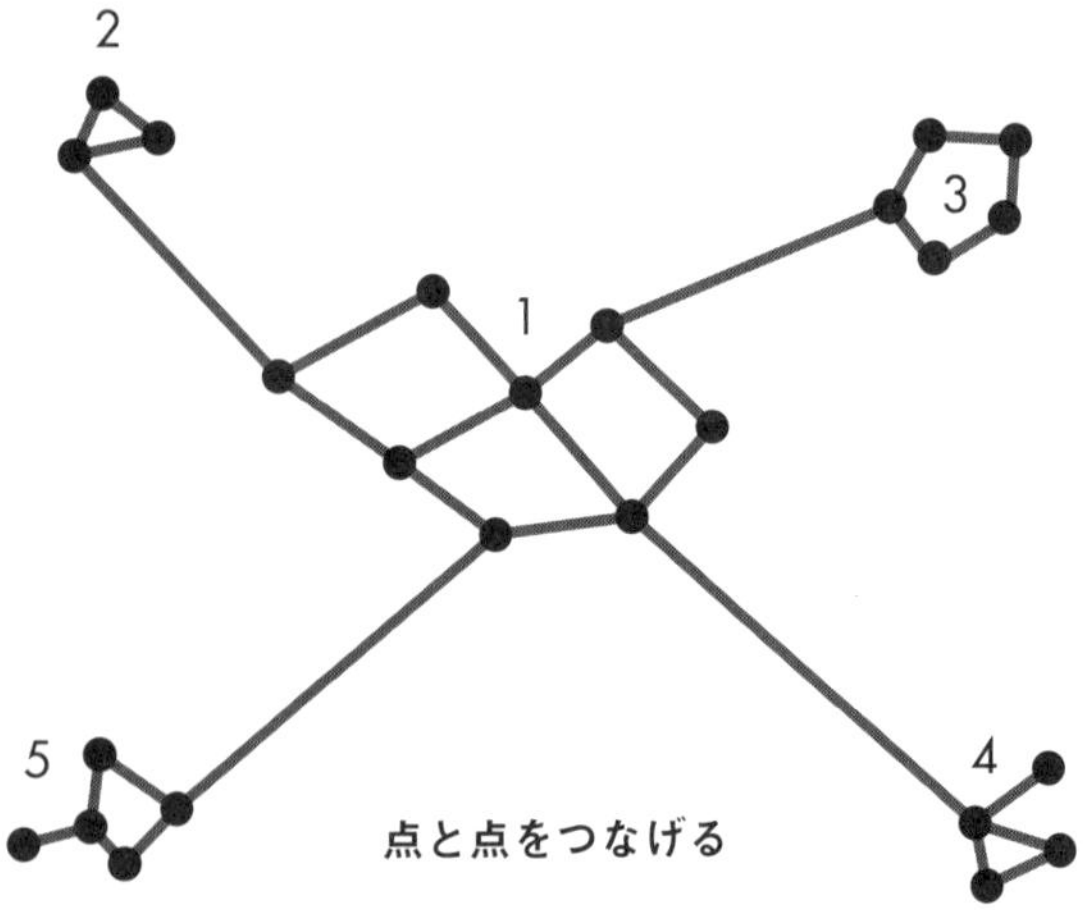

点と点をつなげる

脳の基本的な仕組みを理解すると、脳を育てる方法もわかる。

脳が入手する情報は、直接的に何かの役に立つ必要はない。**ただ自分が興味を持った知識を集めていけば、脳内のネットワークに多様な情報が蓄積されていく。そして後になってから、それらの点と点をつなげればいい。**

実際、スティーブ・ジョブズもこう言っている。「前を向きながら点と点をつなげることはできない。それができるのは後からふり返ったときだけだ。だから今の時点では、いつかこれらの点が何らかの形でつながると信じるしかない」

点と点がいつかつながってほしいと思うなら、まず脳内に点を形成する必要がある。そして**点を形成する方法は、学ぶこと、実行すること、失敗すること、そして失敗から学ぶこと**だけだ。

欲しいアウトプットを脳から得るには、まず脳が必要とするインプットを与えなければならない。

「人生に効果ある？」で考える

この世界にはあふれるほどの情報があり、人間の脳が処理できる限界を超えている。そのため、どうしても情報をふるいにかけなければならない。すべての情報を処理しようとしたら、頭がおかしくなってしまう！

そして、脳はそのフィルタリングの過程で、意思決定の負荷を減らすためにいくつかの近道を形成する。

その近道は「ヒューリスティック」と呼ばれる。

ヒューリスティックとは、簡単に説明すれば、過去の似たような経験と照らし合わせて今の問題を解決する戦略のことだ。

誰もが知っている有名なヒューリスティックの1つは「トライアル・アンド・エラー」だろう。これは、挑戦と失敗をくり返しながら目の前の問題の解決方法を探っていく戦略であり、1つの思考法でもある。

しかし、トライアル・アンド・エラーがもっとも実用的な方法かというと、必ずしもそうではない。キャリアの形成でこの戦略に頼っていたら、キャリアを確立する前に人生が終わってしまう。人生は永遠ではない。すべてにおいてトライアル・アンド・エラーを適用している余裕はない。

もう1つ、あまり有用ではないヒューリスティックの例は「ソーシャルプルーフ(社会的証明)」だ。私たちはしばしば、他の人がやっていることや言っていることを基準に物事を決める。

そして、なかでもやっかいなヒューリスティックが「親近性」だ。人間には自分が慣れ親しんだものを選ぶ習性があり、何かが過去にうまくいくと、それと同じことをくり返せばまた成功できると考える。私たちが新しいものよりもよく知っているものを好むのも、親近性というヒューリスティックが原因だ。

あなたも身に覚えがあるだろう。毎日だいたい同じようなものを食べ、いつも同じ道を通り、同じ間違いをくり返し、職場では同じ仕事をくり返す。それが延々と続く。そして、人生が同じことのくり返しばかりでつまらないと文句を言う。親近性を基準に物事を決めているのだから、同じことのくり返しになるのも当然だ。

親近性にはいい面もある。慣れ親しんだものは確実性につながり、確実性は安心をもたらしてくれる。しかし、停滞を打破したいのであれば、いつもとは違う何かが必要だ。

ヒューリスティックを基準に物事を決めていれば、認知力への負荷を軽くすることはできるかもしれない。しかし、ヒューリスティックはとてもじゃないが実用的とは呼べない戦略だ。満足できる結果につながることはほとんどない。

あなたがもし現状に満足していないのであれば、それはおそらく何かを変えなければならないサインだ。ヒューリスティックに頼って情報をフィルタリングするのをやめ、「真実とは効果のあるものだ」というプラグマティズムの大原則を思い出

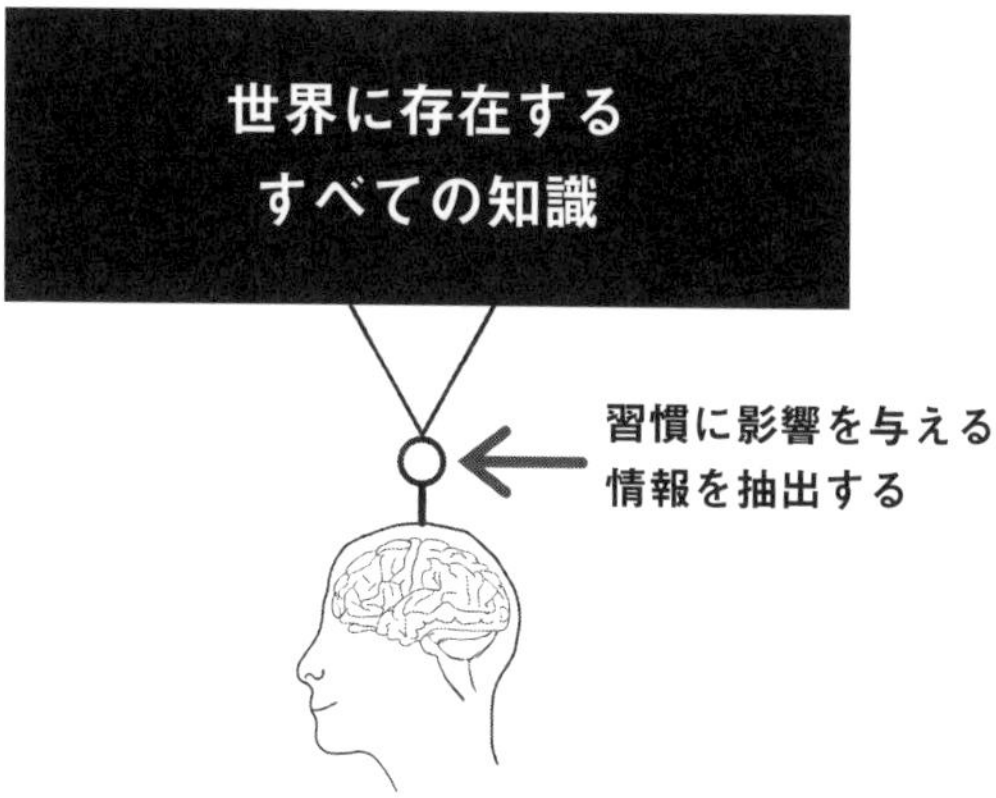

さなければならない。

「真実とは効果のあるものだ」という言葉は、脳に入ってくるすべての情報をフィルタリングするときの基準だと考えてみよう。

私の場合、何かを決めなければならないときは、**「この決断による結果で自分の生き方が変わるだろうか？」**と自分に尋ねるようにしている。

この質問を忘れずに続けていれば、無駄な情報を排除して、本当に有益な情報だけを使って、人生に影響を与えるような決断を下せるようになるだろう。

この方法なら、効果のあるもの、役に立つものだけを活用できるようになる。その結果、ためにならない習慣を変えることもできる。

たとえば、昔からよく言われる「大きな都市に住んだほうが大きなチャンスが手に入る」という言葉を考えてみよう。私も昔はこの言葉を本気で信じていた。正直に言うと、それがロンドンに引っ越したいちばんの理由だ。

たしかに当時、私は大きなチャンスをつかむことができた。しかしそれだけでなく、同時に大きな責任を背負い、大きな問題を抱えることにもなった。そもそも私は大都市が好きではなかった。人混みに、汚れた空気、それに生活費は理不尽なほど高い。

私の場合、大都市に住むのは「効果のあるもの」でないのは明らかだった。それが自分の気持ちにも影響を与え、その気持ちが生活に暗い影を落とす。そんなこんなで、とうとう私は故郷のレーワルデンに帰ることにした。

レーワルデンは静かで、知り合いもたくさんいる。仕事の時間は減り、生産性はむしろ向上した。10分も車を走らせれば、市内のどこにでも行くことができる。

もちろん、私の選んだ人生がすべての人に適しているわけではない。そんな生活は退屈だ、もっと刺激が欲しいという人もいるだろう。しかし、他の人がどう思うかは関係ない。**自分にとって効果があるなら、それがいちばんの方法だ。**

考える必要のない余計なことリスト

思考は難しい。昔の私は、思考を止めることができなかった。油断すると、何時間もずっとぐるぐると考えごとをしてしまう。夜にベッドの中にいるときは特にひどい。

しかし、1つ確実に言えるのは、**これまで考えたことの99%は何の役にも立たなかった**ということだ。

何かを考えたとしても、たいていの場合、その思考が何かの行動につながることはない。問題を解決するわけでもない。本で読んだ難しい概念の理解につながったこともない。ただ自分の頭の中で、このイラストのようなことを考えていただけだ。

失敗したら
どうしよう?
がんになったら
どうしよう?
まわりから負け組だと
思われてしまう
孤独に
なりたくない

私はこういったことを「思考」と呼んでいた。しかしその実態は、思考というより、むしろ心配やストレス、パニックだ。呼び方は何でもかまわない。ちなみに私は「余計なことで頭がいっぱいになった状態」と呼んでいる。

余計なこととは何なのか？　それだけで無限のリストがつくれそうだが、ここではいくつか例をあげよう。

「余計なこと」リスト

・「上司にどう思われるだろう？」
・「失敗してクビになったらどうしよう？」

・「彼はきっと私のことなんかどうでもいいと思っている」
・「私は失敗してばかりだ」
・「彼女は私を愛しているのだろうか？」
・「なぜ私の人生はいつもうまくいかないんだ？」
・「他の人はみんなキラキラした人生を送っているのに、なぜ私は違うのだろう？」
・「自分の仕事が好きになれない。自分に問題があるのだろうか？」
・「私は何をやっても中途半端だ。自分がイヤになる」
・「もうやめたい」

ここであなたに、1つ尋ねたいことがある。

こんなことを考えて、いったい何の役に立つのだろう？

さあ、答えをどうぞ。まだ答えがわからない？　そう、まさにそれが答えだ。

こういった思考は何の役にも立たない。それでも私たちの誰もが、こういう役に立たないことを考えてしまう。

どうすればこの思考を止められるのか？

残念ながら、役に立たない思考を止める方法はないようだ。前にも言ったように、人間は自分の意識をコントロールできない。私たちにできるのは、どの思考を選ぶかを決めることだけだ。

あなたはただ、自分の思考に「気づく」だけでいい。自分がそれを考えていることを認める。ただし、ここで自分を責めてはいけない。「なぜ自分はこんなことを考えるのだろう？」という質問も禁止だ。この質問に答えられる人はいない。

ここでの取るべき行動は、**ただ自分の思考を自覚して、その中から無視する思考と、重要な意味を持つ思考を選ぶこと**だ。

たとえば私の場合、「今している何かをやめたい」という思考がつねに頭の中にある。覚えているかぎりずっとそうだ。高校生のときは、学校を辞めてすぐに働きたいと思っていた。バスケットボールをしていたときも、つねにやめたいと考えていて、後になって実際にやめた。

そんな調子で、現在にいたるまでずっと何かをやめたいと考えている。自分のしていることがどんなに好きでも、やめてしまいたいという考えが、少なくとも月に3、4回は頭に浮かぶ。昔は「やめたい」という思考のせいで、夜も眠れないこともあった。

しかし、今からおよそ2年前、私はこんな自分にほとほとうんざりした。考えること自体をやめてしまいたかった。

そこで、自分の思考にいちいち反応するのをやめ、代わりに自分の思考を自覚することに集中してみた。自分に向かって、「お前にはコントロールされないぞ」と言ったりした。まわりからはさぞかし変な人に見えたことだろう。

この方法はうまくいき、おかげでずっと心が穏やかになった。私は今でも、思考を止めたくなると、**まず自分の思考を自覚する**ようにしている。なぜなら、その思考に大切なヒントが隠されていることもあるからだ。だがたいていの場合、思考はただの恐怖にすぎない。

私は恐怖に屈服するのを拒絶することにした。

自分がコントロールできることを考える

役に立つことを考えたいなら、1つ経験則を教えよう。

それは、**「自分がコントロールできることだけ考える」**だ。

それだけで思考の99％は排除されることになる。なぜなら、人生でコントロールできることはほとんどないからだ。

自分でコントロールできるものだけに集中しよう。たとえば次のようなものだ。

・自分の欲求
・自分の行動

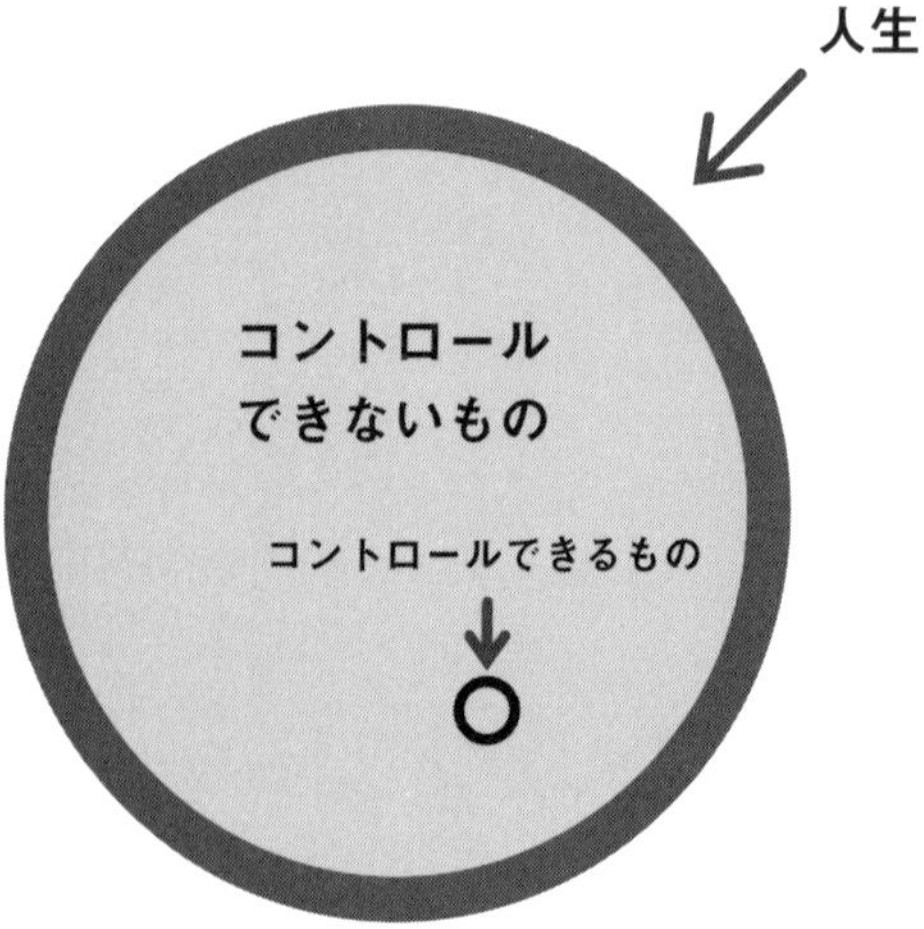

・自分の言葉
・自分の意図

役に立たない思考とは何か？　それは、自分にはコントロールできず、なおかつ有益な目的もない思考だ。

あなたは過去について考えたことはあるだろうか？　これは役に立たない思考の典型だ。過去の選択や失敗について考え、そこから何かを学ぶのならかまわないが、そうではなく**ただ過去のことをぐるぐる考えているだけなら、その思考には何の意味もない。**

内省や反省なら、何か役に立つことを

しているといえるだろう。しかしそうでないなら、過去について考えるのはまったくの無意味だ。

あるいは、未来について考えたことはあるだろうか？　これもまた無意味な思考だ。

私が見たところ、役に立つ思考は大きく2つのタイプに分けられる。

①「問題を解決する方法」を考える。問題とは結局のところ、まだ答えの出ていない質問でしかない。つまり、質問の答えが出れば問題は解決だ。その答えを見つけるために自分の脳を使おう。答えの出ていない問題は世の中にたくさんある。

②「知識」を理解する。知識を理解するとは、知識を完全に自分のものにして、自分の人生、キャリア、仕事、人間関係を向上させるために活用できるようになることだ。

以上だ。この2つ以外の思考はすべて無視してかまわない。

有益な目的もなく何かを考えることが習慣になっているなら、それは精神の訓練がまだ足りていないことが原因だ。無駄な思考をやめられるようにならないと、いつか頭がおかしくなってしまう。この法則に例外はない。

自分にこう尋ねよう。**「これは考える価値のあることか？」**

あなたは本当に、貴重な自分の時間、エネルギー、人生を、役に立たない思考のために費やしたいのだろうか？　その答えは言うまでもないはずだ。

無駄な思考を止めると心に誓い、自分の精神をコントロールする力を手に入れる。

過去の後悔も、未来の心配も、すべて無駄なことだ。それが役に立ったことは今までに一度もなく、これからも絶対にない。

「中立」になる

あなたはこれまで、後から考えるとバカな選択をしてしまったと思ったことはあるだろうか？

人間は非合理的な生き物だ。どんな人にも、自分勝手な思い込みがある。あなたが考える「世界」は完全に主観的であり、自分の中にある「認知バイアス」の影響を色濃く受けている。

1972年、心理学者のエイモス・トベルスキーとダニエル・カーネマンが「認知バイアス」という概念を提唱した。認知バイアスとは、合理的な判断の妨げになるような過去の経験、直感、思い込みなどをさす。

認知バイアスにはいくつかの種類があるが、私のいちばんのお気に入りは「注意バイアス」だ。注意バイアスとは、過去の経験や個人的な関心によってある特定の刺激に注意が向きやすくなっている状態で、「思考が現実をつくる」という考え方の科学的な根拠にもなっている。

注意バイアスによると、人間の知覚は思考の影響を受ける。そして当然ながら、人は知覚によってどんな行動を取るか、どんな判断を下すかを決め、その行動や判断が人生を決める。だから、もしネガティブなことを考えているなら、人生の見方もネガティブになる。これが、注意バイアスの基本的な考え方だ。人間の思考の仕組みは複雑でわかりにくいと思うかもしれないが、実際はこのようにごくシンプルでもある。

いちばん有名な認知バイアスの1つ「確証バイアス」についても考えてみよう。私たち人間には「自分の信じたいことを信じる」という傾向があるが、その傾向を説明するのが確証バイアスだ。

何か信じていることがあるなら、それを裏づける情報ばかりを集め、それに反する情報は無視するようになる。言い換えると、自分が間違っていない証拠を必死になって集めるということだ。確証バイアスの状態にある人は、事実ではなく、自分の信念だけを見ている。

この「事実を無視して自分の思い込みだけを信じる」というのは、すべての認知バイアスに共通する姿勢だ。これを書いている時点で、意思決定に関わる認知バイアスは106種類も存在することがわかっている！

私は106種類ほぼすべてについて調べた。認知バイアスについての本や研究論文もいくつか読んでいる。そこから私が出した結論は、**「自分の頭は信用できない」**というものだ。とはいえもちろん、私の結論も認知バイアスの影響を受けているかもしれない。

いずれにせよ、いちばん大切なのはこういうことだ——何かを決断するときは、思い込み、自明の論理、さらには科学さえも信用してはいけない。

科学者もまた人間だ。それはつまり、科学者にもそれぞれの認知バイアスがあるという意味になる。自分が唱える説を裏づける証拠ばかりを集めることに関しては、科学者は特にプロフェッショナルだ。

意思決定を向上させたいのなら、大切なのは知識をただ増やすことではない。私が学んだところ、役に立つのはやはりプラグマティズムだ。**実用的で、中立的なものの見方が、よりよい「インフォームド・ディシジョン」、すなわち十分な情報を得たうえでの意思決定につながる。**

残念ながら、「最高の意思決定」というものは存在しない。もしそれが存在するなら、誰もがつねに合理的で実用的な意思決定をする完璧な世界が実現しているはずだ。

私たちはえてして、何冊かの本を読んだり、研究論文をいくつか読んだりしただけで、すべてをわかったような気になってしまう。

問題は、どんなに知識をため込んだところで、やはり自分の頭は信用できないということだ。この事実を理解していれば、それだけでよりよいインフォームド・ディシジョンに近づくことができる。

たとえば私は、思考が行きづまっていることに気づいたら、認知バイアスのリストを見直すようにしている。これは簡単な方法であり、お金もかからない。インターネットで「認知バイアス」と検索すればいいだけだ。

たとえば、ウィキペディアの「認知バイアス」のページに載っているリストを見てみよう。どれも当たり前のことを言っているだけだと思うかもしれない。しかし、この「言われてみれば当たり前」というのが認知バイアスの特徴だ。人間は非合理的な生き物であり、認知バイアスはその非合理性を説明してくれている。

「事実」を見る

私は「勝手な決めつけ」が嫌いだ。そんな私でも、実際はあらゆることに対して勝手に決めつけている。

たとえば、メールの返事がなかったりすると、私のことなどどうでもいいと思っているのだろうと決めつける。誰かが私に対して謝罪すると、どうせ本気の謝罪ではないと決めつける。頭が痛くなると、何かの病気だと決めつける。

これらの思考はすべて実用的ではない。なぜなら、決めつけと事実は違うからだ。

明晰思考を実践したいのなら、勝手な決めつけをすべて捨て、事実だけを見なけ

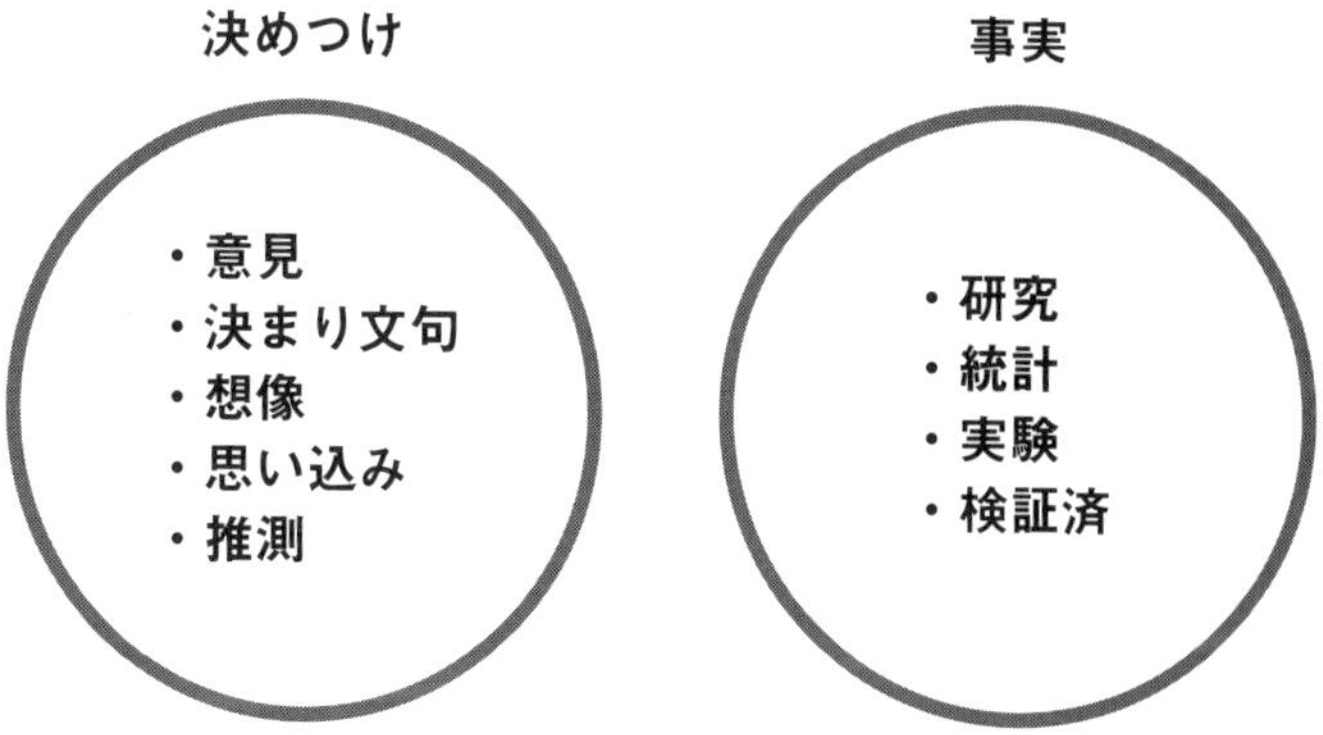

ればならない。

この姿勢をいちばん的確に表現しているのは、プラグマティズムの生みの親ウィリアム・ジェームズの言葉だ。

「プラグマティズムがまず重視するのは確固たる事実だ。その事実を前提にして個別の事例における真実を観察し、そこから一般論を導き出す」と彼は言う。

もっとわかりやすく説明するために、意思決定の2つの方法を見てみよう。1つは事実に基づく意思決定、もう1つは決めつけに基づく意思決定だ。

・あなたの製品は問題を解決するか？

それとも解決すると決めつけているだけか？

・あなたは自分のスタートアップのために資金を調達することができるか？　それともできると決めつけているだけか？

・昇給はあるだろうか？　それとも上司は昇給してくれるはずだと決めつけているだけか？

・この営業は成功するか？　それとも顧客が契約書にサインするはずだと決めつけているだけか？

・あなたの芸術作品は評価されるか？　それとも評価されるはずだと決めつけているだけか？

私はできるかぎり決めつけを避けるようにしている。ただ事実だけを見て、そこから結論を導き出したい。

とはいえ、**事実をあてにできないときはどうすればいいのだろう？**　たしかに、どうしても事実が見つからないこともあれば、ぐずぐずしていないですぐに決めなければならないこともある。そういったケースはごくまれではあるが、もしそうなったら、**私は自分の直感を信じることにしている。**

いずれにせよ、他人の勝手な決めつけに左右され、自分の思考を無駄づかいするようなことは絶対に避けなければならない。

「説得」しようとしてもムダ

前の章では、事実を見る大切さについて述べた。しかし、ここで1つ、疑問が浮かんでくる。**事実と真実は同じものなのだろうか？　答えは「ノー」だ。**

混乱するのはよくわかるが、これも人生と同じだと考えてみよう。たとえば、はたして神は存在するのだろうか？　私に答えはわからない。神が存在するという証拠は一度も見たことがない。しかしだからといって、神は存在しないことになるのだろうか？

ここで私がどう思うかは関係ない。あなたの人生がたしかに神から影響を受けているというのなら、科学者が何と言おうとも、あなたにとって神は「真実」だ。

ドイツ人の哲学者で、西洋哲学に多大な影響を与えたフリードリヒ・ニーチェは、こんな言葉を残している。「この世に事実は存在しない。ただ解釈があるだけだ」

ニーチェは自分自身を知り尽くした人物だった。心理学者のジークムント・フロイトは、そんなニーチェに感心し、「彼ほど自分自身を深く理解した人物はかつて存在せず、これからも存在しないだろう」と言った。ニーチェの思考は非常に分析的だった。そして自分自身の思考が対象になると、その分析は特に鋭さを増す。

「この世に事実は存在しない」というニーチェの言葉が意味するのは、人間である私たちにとって、**現実とは究極的に「自分の解釈した現実」でしかない**ということだ。この現実を客観的に確認する方法は存在しない。

しかしだからといって、この世にたしかなものは何一つ存在せず、誰もが大きな夢の中で生きているという意味ではない。ただ、「事実と真実は違う」という認識を忘れてはいけないということだ。

事実と真実は違うということを知っているだけで、かなりのエネルギーを節約することができる。なぜなら、**真実と事実が違うなら正解も間違いもないということであり、それを理解していれば、自分とは違う「真実」を信じている人をわざわざ説得しようとは思わなくなる**からだ。

他人の真実を変えようとするのは、まったくの無駄な努力だ。もっと他の役に立つことのために貴重なエネルギーを使うようにしよう。

「時間」をかける

以前の私は、頭がいいとは頭の回転が速いことだと考えていた。「彼は本当に機転が利く。頭がいいんだな」というように。

そして、自分もそういう人になりたくて何年も努力した。何か問題にぶつかったときや、議論をするとき、誰かから質問をされたときは、いつも「さあ、早く答えを出せ！」と自分にハッパをかけていた。そして当然ながら、**そうやって最初に浮かんだ答えは、どれもこれも最低だった。**

起業家で、私の大好きな思想家の1人でもあるデレク・シヴァーズは、ゆっくり考える「スローシンカー」を自称している。

「最初の反応がもっとも正直な反応だとよく言われるが、私はそうは思わない」と彼は言う。

「最初の反応はたいていもう古くなっている。今この瞬間に考える代わりに、**ずっと昔に思いついた答えを使い回しているか、あるいはずっと昔の出来事を連想し、ただ反射的に反応しているかのどちらかでしかない**」

物事をきちんと考えるのには時間がかかる。現に私自身も、すぐに答えが出るのは何も考えていないときだ。考えて出した答えではなく、**ただの刺激に対する反応でしかない**。

デレク・シヴァーズは、最初に浮かんだ思考を信じないように自分を訓練した。それは彼にとって、大量のメールに時間と注意を奪われないようにするための方法でもあるという。

デレクは有名人なので、読者から大量のメールが届く。そのほとんどは「5分で答えられる」内容だ。しかし、彼も言うように、5分で答えられる質問でも、それが100個になれば、1日のうちの500分（およそ8時間）が奪われることになる。

2008年から2016年にかけて19万2000通のメールに返信したデレクは、この状況をどうにかしなければならないと気がついた。彼がまず考えたのは、現代のヘンリー・デイヴィッド・ソローになることだ。

「やるなら徹底的にやるつもりだった」とデレクは言う。「メールもSNSもすべてシャットアウトする。私に連絡できるのは、一部の親しい友人と同僚だけだ。当時の私にとって、解決策はそれしかなかった」

これがデレク・シヴァーズの「最初の考え」だ。「しかし、そこで私は気がついた」と彼は言う。「べつにすべてをシャットアウトする必要はないのではないか？メールやメッセージを受け取れる状態のままでいて、ただ質問に答えなければいいだけだ」

私が言いたいのは、質問に対して「わからない」と答えてもかまわないということだ。この質問には、自分から自分への質問も含まれる。昔の私は、自分の問題に対してすぐに答えを出せない自分を必要以上に責めていた。

しかし、すぐに答えが見つからないのは、あなたの頭が悪いからではない。人間ならそれが自然なことだ。

そもそも私たちは、なぜ人から頭が悪いと思われることを恐れるのだろう？　人の評価など気にしないことも、スローシンキングの一例だ。「自分の頭のよさを証明しないと！」と躍起になるのではなく、まず一歩引いて、「そもそも私は、なぜ人から頭がいいと思われたいのだろう？」と自問する。

ここでじっくり考えれば、**人の評価など気にする必要はない**ことに気づくはずだ。

どんな場合でも、考えることに時間をかけたほうがいい。そのせいでまわりから愚かだと思われることがあったとしても、愚かなのはむしろ彼らのほうだ。

「即答」せず1日寝かせる

・「タイに出張してもらえるかな？」
・「X社で講演することに興味はある？」
・「キッチンのリノベーションをしたいんだけど、どう思う？」
・「○○を解雇したほうがいいだろうか？」
・「もう1人セールス担当を雇ったほうがいいだろうか？」

以上は、最近、私が実際に受けた質問のほんの一部だ。私は、難しい問題についてはじっくり時間をかけて考えたいと思っているのはもちろん、普通なら「即決案件」とされるような問題についてもよく考えるようにしている。

以前の私は、講演会、インタビュー、セミナー講師などの依頼があると、深く考えずに「イエス」と答えていた。話が未来のことになると、人は気軽に「イエス」と答えがちだ。「出張は9月で、今は3月。まだまだ先の話じゃないか！」というように。そして、5日間の出張の依頼に、簡単に「イエス」と答えるのだ。

しかし、実際に9月になると、あなたはもしかしたら仕事が波に乗っているかもしれないし、他にもっと大切な用事ができるかもしれない。他のプロジェクトの真っ最中かもしれない。

すると、あの「大昔」に約束した出張が、急に心の重荷になってくる。「出張を断ったほうがいいだろうか？　それとも行ったほうがいい？　2日間に短縮する方法はないだろうか……」

この場合、最初に出張の依頼が来たときに、結論を出すのをたった1日でも延ばしていれば、問題は避けられたかもしれない。ただ考える時間を増やせばいいだけだ。物事をあらゆる側面からよく考える。そして自分の性格や傾向をよく把握しておく。

たとえば私の場合、今は執筆が波に乗っている状態だ。そのため、住んでいる場所を離れる理由は1つもない。毎日のルーティンが決まっていて、それで今のところとてもうまくいっている。幸せで、人生を大いに楽しんでいる。たとえ週末だけでも今の場所を離れれば、毎日のルーティンが壊れてしまう。その結果、普段のペースを取り戻すのに2週間はかかる。

とはいえ、私はつねにこういう人間なわけではない。現在の私は、この本を執筆中で、新しいオフィスを開く予定があり、マンションを購入することになっている。つまり、集中しなければならない大切なことがいくつかある状態だ。

一方で、私の人生にはこういう状態でないこともある。もっと融通が利くときもあり、それに旅行をするのは大好きだ。友人やビジネスパートナーを訪ねたりして、自由な生活を楽しんでいる。

だからこそ、今の私は決断になるべく時間をかけるようにしている。最初に頭に浮かんだ答えをそのまま口にするのではなく、**「考えるので1日か2日ほど時間をください」**と答えるのだ。それだけで、後悔のない決断をすることができる。

頭の「スランプ」の乗り越え方

新しい人生観を手に入れた私は、自分の脳を鍛える行動を毎日の生活に取り入れるようになった。1日2時間の読書を習慣にして、新しく学んだことを詳細に記録する。また、自分が学んだことを他の人にもシェアするために記事を書くようにもなった。

はじめのうちは、まったく新しい世界が目の前に開けたような気分だった。もっと新しいことを学びたくてたまらなかった。毎週、新しい本を何冊か買い、手に入る知識は何でもむさぼるように吸収した。

しかし、数週間がすぎたころ、私の脳は突然フリーズした。もう考えることも、読むことも、書くこともできない。さらに一日中、頭が痛い。そんな状態が1週間近く続いた。いつも気分がすぐれず、理由はまったくわからない。というよりも、そもそも理由を「考える」こともできなかった。

やっといくらか気分がよくなると、また同じ生活を始めた。今度は以前よりも長く続いたが、2か月ほどたったころにまた壁にぶつかった。しかし、今度の壁は前とは違っていた。どんなにがんばっても、向上している手応えがまるでなく、何も頭に入ってこない。それでも私は、困難にめげずがんばり続けた。

このパターンが何度か続くと、私もついに状況を理解した。**脳の訓練は段階を踏む必要があるのだ。そして、次の段階に進むには、その前に壁を乗り越えなければならない。**

私が思うに、学習スキルの向上も、能力の成長も、どちらも段階を踏むことが必要だ。新しい段階に入ると、はじめのうちは何でも簡単に学ぶことができる。すべてが初めてのことだからだ。

しかし段階の終わりに近づくと、物事はどんどん難しくなってくる。私の場合は、よく頭痛がするようになった。しかし、私はそこであきらめたりはしなかっ

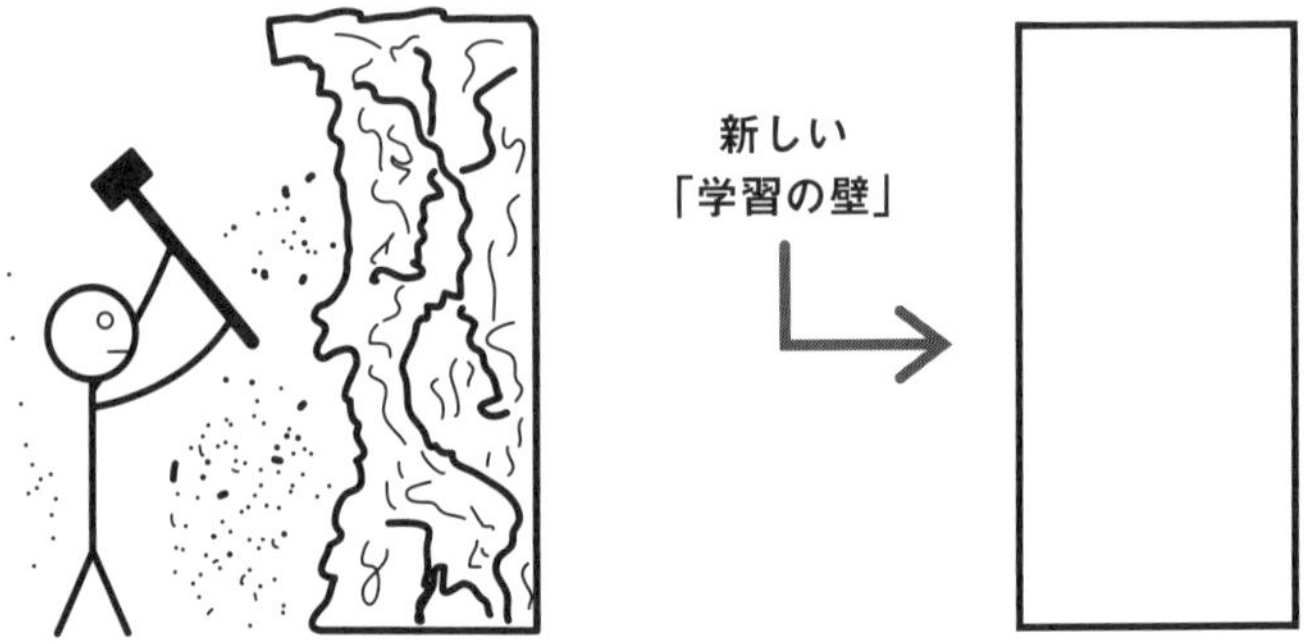

た。短い不調を経験しても、すぐに立ち上がって再挑戦した。1つの段階の終わりではあっても、挑戦そのものの終わりではないからだ。

どんな挑戦でも、遅かれ早かれ壁にぶつかる。多くの人は、その時点で挑戦をあきらめたくなる。その挑戦は、本を書くことかもしれないし、新しいビジネスを始めること、転職、チームのリーダーになることかもしれない。

壁にぶつかると、すべてがそこで止まってしまう。せっかく書いていた本も、いきなり無意味なものに見えてくる。ビジネスは失敗するとしか思えなくなり、目指していたキャリアは手の届かない存在になり、チームのメンバーはあなたをリーダーとして認めなくなる。すべてが失われた状態だ。

いくつかの壁を経験した私は、この瞬間をポジティブにとらえるようになった。**壁にぶつかるのは、次の段階に近づいている証拠だ**。だから、そこであきらめるのではなく、むしろ喜ぶようになった。ただ一休みして英気を養い、脳の体力を回復させればいい。

私の場合、友だちと一緒にすごしたり、オフィスで兄弟と卓球をしたり、ジェイ・Z、ボブ・ディラン、ケンドリック・ラマー、ボン・イヴェールといったお気に入りのアーティストの音楽を聴いたりすることが気分転換になっている。また、映画もたくさん観る。

この間は頭を酷使せず、リラックスすることが大切だ。頭脳のエネルギーが十分に回復したら、また前の続きから始める。エネルギーを使って壁を乗り越える。

私はこの方法でいつもうまくいっている。

絵で描けるほど「わかりやすく」考える

言葉が発明される以前、私たち人類はイメージを使ってコミュニケーションを行っていた。しかしもう何世紀にもわたって、言葉が主要なコミュニケーション手段になっている。考えるときに言葉を使うのもそのためだ。私は考えるとき、自分に向かって話しかける。メモや文章を書くときも、自分に向かって話しかける。

この章のアイデアを思いついたとき、私はノートに「思考を絵に描くことについての章をつくる」と書いた。人類史上もっとも有名な思想家の1人レオナルド・ダ・ヴィンチは、視覚的に思考した。ダ・ヴィンチは何かを考えるとき、ノートに文字だけでなく絵も描いている。グーグルで検索すれば、彼が残したノートの画像がすぐに出てくるだろう。

もちろん、ダ・ヴィンチほどうまく描く必要はない。しかし、誰でも彼から学べることはある。**人間の脳はつねに視覚化を行っているが、実際に絵を描くことで、脳を視覚化の作業から解放することができる。**

私の場合、1年あまり前からブログ記事のために絵を描くようになった。あれ以来、絵はまったくうまくなっていないが、記事のほうはかなり上達したと思う。その理由の1つは、自分の考えを絵にするために、内容について時間をかけて考えるようになったからだろう。私が目指したのは、記事で伝えたいと思っていることを、絵を見るだけで瞬時に理解できるようにすることだ。

その目標があったために、私はアイデアの視覚化についてかなり真剣に考えていた。グラフを描いたり、ときには文や単語を強調したり、またはちょっとしたマンガのようなものを描いたりすることまであった。そうやって絵が完成すると、もっとわかりやすくなるように記事を編集する。まず絵から始まる記事もあったほど

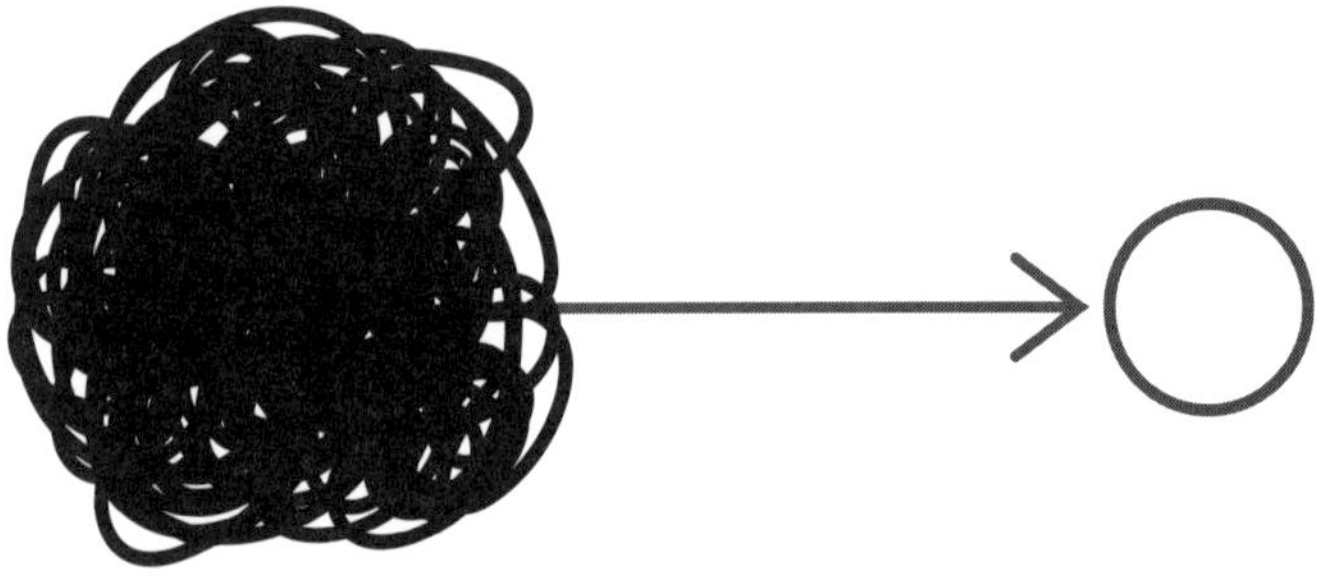

だ。

実はこの本の執筆も1つの絵から始まっている。それは「本当に、本当に大事なことはなに？」の章（P．32）に登場した絵だ。

何か目的があってこの絵を描いたわけではない。ただ自分のアイデアのいくつかを視覚化してみただけだ。そのアイデアの1つが、「以前の私は頭の中が混乱していたけれど、それを克服する方法を見つけた」というものだ。

それがこの絵になり、そして1冊の本になった。

「自分らしい?」か考える

世界を征服するのではなく、自分自身を征服せよ。
――ルネ・デカルト

ここであなたにいくつか質問がある。

・あなたの得意なことは何ですか?
・あなたの苦手なことは何ですか?
・どうやって新しいことを学びますか?
・あなたが情熱を持っていることは何ですか?

・あなたが嫌いなものは何ですか？

これらの質問をひとことで言い換えると、「本当のあなたは誰ですか？」となる。

もちろん、生物学的に考えれば人間はみな同じようなものだ。臓器を持ち、骨があり、血が流れ、神経系を持っている。そして誰でも最後は死んでしまう。

それなら、なぜ自分自身を知ることが大切なのだろう？　以前の私はその理由がまったくわからなかった。学校でそんなことは習わないし、自分を知ることや、その重要性について誰も話していなかった。

しかしどうやら、**自分自身を知らないことは、人生で間違った決断を下す原因になっている**ようだ。たとえば私は、次のような選択で失敗をしてきた。

・職業

・恋人

・追い求めるもの

・意思決定
・一緒にすごす人

私には、独自の長所、価値、スキル、欲求がある。間違った選択は、どれも「私らしさ」と合わないものだった。

昔の恋人は、外国で暮らしたいという夢を持っていた。しかし、私はそういうタイプではない。ずっと家族や親友の近くにいたかった。外国で暮らせなくても、残念に思うことはまったくない。ただ住む家があれば、私は十分に幸せだ。

価値観の違う人と付き合うと、2人の関係はゼロサムゲームになってしまう。どちらかの願いを叶えれば、もう一方の願いは叶わない。結局、彼女とは別れることになった。

また、私は電話営業の仕事をしたこともある。役に立たないガラクタを、それを必要としていない人たちに売りつける仕事だ。なぜ私は、自分が嫌いになるような仕事をわざわざ選んだのだろう？　おおかたお金が欲しかったからだろう。当時の私は、自分をよく理解していなかった。お金が欲しければイヤな仕事をするのは当然だと考えていた。

今の私は、10年前より自分のことがよくわかっている。そして今から10年後には、さらに自分のことを理解しているだろう。自分自身を知ることが最初のステップだ。そして、その知識に基づいて行動を起こすことが次のステップになる。

ときには思わぬチャンスに恵まれて、すぐにでも「イエス」と答えたくなることもあるだろう。しかし、そこは冷静にならなければならない。まずは自分にこう尋ねる。**「これは本当に自分らしいことだろうか？」**

ここで答えが「ノー」になることは決して少なくない。私が学んだのは、世の中のたいていのものが「自分らしくない」ということだ。仕事でも、チャンスでも、国でも、人でも、パーティでも、ライフスタイルでも、本でも、私のために存在しているものはほとんどない。

むしろここで大切なのは、**自分のために存在するものを見つけること**だ。そして、その数は本当に少ない。

内省の時間をつくる

現代人の生活は忙しい。ときには考える時間さえないこともある。

あなたにとって、「考えること」の優先順位はどれくらいだろう？　もし高くないというのなら、今後は順位を上げるようにしてほしい。

そうでないと、あなたも数年前の私と同じようになってしまう。

２０１２年から２０１５年にかけて、私は内省の時間というものをほとんどつくっていなかった。その結果どうなったか？　突然、私はパニックを起こし、人生をどうすればいいいか、まったくわからなくなってしまった。

すっかり途方に暮れた私は、とりあえずたくさんの本を読んだ。そこで学んだのは、賢くて幸せな人の多くは日記をつけているということだ。それに彼らは、時間をかけて自分の人生をふり返っている。具体的には、**自分が学んだこと、失敗したこと、達成した目標**についてよく考えている。

それから私は、毎日、日記をつけるようになった。まず書いたのは、自分の伝記だ。出版することを目指していたわけではない。人生をふり返り、そこから何かを学ぶのが目的だ。日記に何を書いたらいいかわからない人は、私のように自伝を書いてみるといいだろう。自分について書いたすべての文章から、自分についてより深く学ぶことができる。

私は日記をつけ、週に1度は自分が書いたものを読むようにした。ここで言う「内省」とは、本当にそれだけのことだ。内省を行う理由は3つある。

①「自分の間違い」を発見し、同じ間違いをくり返さないようにするため
②過去に達成したことを読み、「自分の成長」を確認するため
③頭を整理して、衝動に左右されずによりよい決断ができるようになるため

まとめると、日記と内省は役に立つということだ。

時間とお金の考え方

「スキル」に投資する

私の友人に、自分の仕事が大嫌いだという人がいる。なぜ現状のままで何もしないのか尋ねると、「お金が必要だから」という答えが返ってきた。どうやら彼は、この場合の「何かする」は、仕事を辞めることだけだと思い込んでいたようだ。

人は何かを過大評価すると、それに深く依存するようになってしまう。彼の場合、その何かはお金だった。お金の心配が大きすぎて、「仕事を辞める」以外の選択肢が考えられない状態になっていた。

お金を過大評価するのをやめるのは簡単だ。私は次のような5つのルールを実践している。

私の（実用的な）お金のルール

- 必要ないガラクタは買わない
- 少なくとも毎月収入の10%を貯金する
- 借金をしない
- リターンのあるものにお金を投資する
- ケチケチしない
  (お金はお金でしかない)

私は3年前からこのルールに従って生きている。そのおかげで、お金のことはまったく考えなくなった。……いや、それは本当ではない。

今でもたしかにお金のことは考える。それは誰でも同じだろう。しかし、お金のことが頭に浮かぶたびに、「当面は困らないだけの貯金はある」と自分に言い聞かせ、そこでお金について考えるのはやめる。何が起ころうとも、半年は暮らせるだけのお金があればどうにかなるものだ。

しかし、1つだけ条件がある。それは、**「自分のスキルに投資をする」**ことだ。どんな状況でも自分はすぐに仕事を見つけられる、お金を稼ぐことができると考えるのは、やはり世間知らずだろう。お金は簡単には稼げない。あなたもそのことは十分に承知しているはずだ。

私が気をつけているのは、とにかくお金を浪費するのではなく、投資することだ。投資といっても、なにも株や不動産を買うだけではない。たとえば新しいノートパソコンを買うのも立派な投資だ。それで仕事の効率が上がるのであれば、3000ドルくらいは喜んで払う。

また私は、自分にとって大切なものにはお金を惜しまないようにしている。1年しか着られないような安物のジャケットを買うくらいなら、多少値が張っても、長く着られる上質なジャケットを買ったほうがずっといい。

簡単に言えば、必要ないものは買わないということだ。私にとって、つねに最新のiPhoneを持つのは重要なことではない。それに5000ドルもする靴も必要ない。しかしだからといって、靴は1足しか持たないわけではない。ただ、欲しくなったら何でも買うわけではないということだ。

ものを買いすぎるという行為は実用的ではない。なぜなら、それらのものを置くだけの場所がないからだ。それに加えて、欲しいものを我慢すれば、意志の強さも鍛えることができる。

ここで大切なのは、**お金は替えの利くリソース**だということだ。なくなったのなら、また稼げばいい。しかし、**時間となるとそうはいかない。失われた時間は二度と戻らない**。

お金のことを考えすぎて貴重な時間を無駄にしてはいけない。

考えすぎてわるいアイデア

にわかには信じられないかもしれないが、**人は考えすぎるほど悪いアイデアを思いついてしまう**傾向がある。なぜなら、解決策は意識的な思考からは生まれてこないからだ。

いいアイデアは、たとえばシャワーを浴びているときに浮かんできたりする。あなたにも経験があるだろう。なぜそうなるかというと、シャワーの間は意識的に思考していないからだ。

ぼーっとして何も考えないのはいいことだ。ここでもまた、自分の精神をコントロールすることがカギになる。何も考えないのも1つの選択であり、あなたにはその選択をする能力がある。忙しい一日の終わりにカウチでのんびりするように、思考の筋肉も意識的に休ませることができる。

思考を休ませる方法はいろいろある。ヨガ教室に行く人もいるだろう。あるいは、毎日の瞑想が役立つ人もいるかもしれない。方法は何でもいい。リラックスする方法はたくさんある。

1つだけ忘れてはならないのは、**リラックスするのに必要なのは自分自身だけ**ということ。ヨガも、運動も、瞑想も、音楽も、アロマも、リラックスするのに必要だとあなたが思うものはどれも必要ない。ただ外側の世界を離れ、自分の内面に深く降りていき、そこで平安を見つければいいだけだ。

そんなことはできないというのなら、できるように自分を訓練しよう。自分の思考を自覚し、思考を観察し、そして思考を手放す。自分の内面に入るとは、つまるところそういうことだ。

場所を変える必要はないし、何かの教室に通う必要もない。ただ手放し、そしてリラックスする。これを、できれば必要だと感じるたびに行うようにする。

あなたもきっと、何も考えていない瞬間も、意識的に思考している瞬間と同じくらい大切だということに気づくだろう。

二択なら「2つ」選ぶのもアリ

私はだんだんと、昔から「当たり前」とされているような考え方を嫌うようになった。それは、人と違うことを目指しているからではなく、当たり前の思考は当たり前の結果しか生み出さないからだ。

私はそれでは満足できない。それにあなただって、当たり前の結果で満足するようなタイプなら、そもそもこの本を読んでいないだろう。

ここで「意思決定」について考えてみよう。昔からもっともよく使われている意思決定の方法は、プラス面とマイナス面をリストにするというものだ。ちなみに、この方法を最初に記録に残したのは、アメリカ建国の父の1人で、雷が電気であることを発見したことでも知られるベンジャミン・フランクリンだ。

1772年、友人であるジョゼフ・プリーストリーに宛てた手紙の中で、フランクリンはこの意思決定法について書いている。そして現代の私たちも、何かを決めるときはいつもリストをつくっている。

たとえば次のような決断をするときに、そう決めたときのプラス面とマイナス面を列挙したりする。

・「仕事を辞める？」
・「恋人と別れる？」
・「この仕事のオファーを受ける？」
・「新しい車を買う？」
・「起業する？」

紙を1枚用意して、真ん中に線を引き、片側にプラス面、もう片側にマイナス面をリストにする。

この方法はとてもシンプルで、その点は私も気に入っている。だが、今では使うのをやめている。やめたきっかけは、最初に付き合った女性との関係がうまくいかなくなったとき、友人にすすめられてこのリストをつくったことだ。私は本当に、当時の恋人と別れることのプラス面とマイナス面をリストにしたのだ！

今から思えば、あれは恥ずかしい行為だった。それに、そもそもリストなどつくっても何の意味もない。**たった1つの要素が、他のすべての要素を凌駕《りょうが》することは十分にありえる**からだ。それに、問題が恋愛や結婚の場合、リストの中身はたいてい誰でも同じだ。

・関係を続けることのプラス面：人生の時間を一緒にすごす人がいる、セックスの相手がいる、一緒に旅行に行ける、など
・関係を続けることのマイナス面：自由な時間が減る、ケンカになる、相手の家族の問題、など

いつも同じ内容なのだから、リストをつくっても意味はない。嫌いな仕事を辞める問題でも同じだ。プラス面は、嫌いな仕事から自由になれること。そしてマイナス面は、将来が不確実になることだ。

ここで視点を変えて、この型にはまった思考（箱内での思考）から抜け出してみよう。あれかこれかの二者択一ではなく、もしかしたらもっとたくさんの選択肢があるかもしれない。人生では、必ずどちらかを選ばなければいけないわけではない。むしろ、**あれもこれもどちらも選べることもある**。

私もかつては、自分のビジネスを始めるには会社を辞めなければならないと思い込んでいた。友人の多くもそうだ。しかし、そんなことを誰が決めたのだろう？

私の場合、自分のビジネスが思うように成長しなかったころ、並行して大手ＩＴ企業で働いていた。自分のビジネスは夜と週末（そしてたまに平日の昼間）、そしてそれ以外の時間は会社で働く。あるいは、会社勤めをしながら起業するという方法もあるだろう。ここで言う「箱の外に出て考える」とは、こうやってさまざまな可能性を探ることだ。

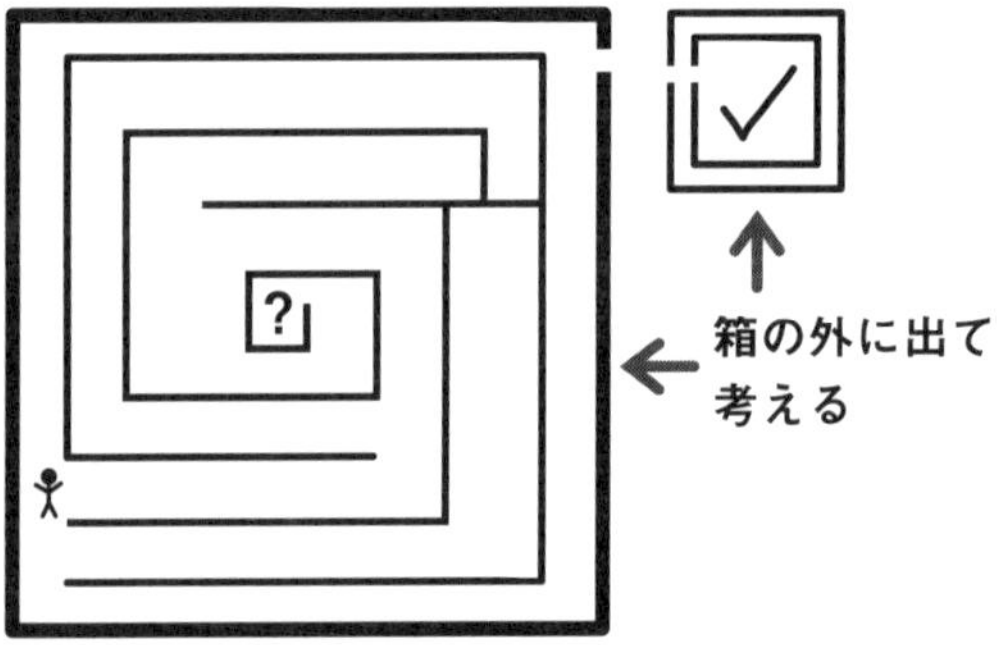

私たちは「当たり前」の考えにとらわれ、自分で選択肢を制限してしまうことがよくある。こうやって箱の外に出たがらないのは、大きな視点で物事を見ていないからだ。上の絵を見てみよう。

自分がこの迷路の中にいると想像してみよう。おそらくあなたは、まず真ん中に向かって歩いていこうとするのではないだろうか？　なぜなら、迷路とはそういうものだからだ。

ところが、この迷路は違う。賞品は迷路の真ん中ではなく、迷路の外にある。しかしそれがわかるのは、ヘリコプターにでも乗って空から迷路を眺めた人だけだ。迷路の中にいては、本当のゴールがどこにあるかはわからない。

私たちのほとんどは、この迷路の中にいる状態で生きている。「当たり前」から抜け出すことができないのは、そうでなければならないと思い込んでいるからだ。

みんながやっている方法から離れれば、自分だけの方法が手に入る。

「テキトー」は習慣になり体質になる

私はメールでよく失敗をする。特に多いのが送り先を間違える失敗だ。

私はいつも、宛先欄に最初のアルファベットを打ち込んだところで「エンター」キーを押してしまう。パソコンが正しく予測変換をしてくれると信じているので、出てきたアドレスが本当に送りたい相手のアドレスか確認することをよく怠ってしまう。

これは私がものぐさだからだ。それで間違った相手に送ってしまっても、たいていは問題にならない。むしろおもしろい返事を受け取ることもある。

しかし、この単なる打ち間違いのせいで、15万ドルのビジネスを失ってしまったことがある。当時、私は2つの会社と複数年にわたるコンサルティング契約を結ぼうとしていた。それぞれの担当者は、偶然にも同じ名前だった。ここでは仮に「ウィム」と呼ぶことにしよう。

1人のウィムは以前からのクライアントだった。彼のことはウィムAと呼ぼう。そしてもう1人はウィムBだ。どちらのウィムも、同じようなコンサルティングの仕事を望んでいた。しかし私は、長い付き合いになるウィムAのほうに、より安い価格を提示することにした。それなのに、なんと私は、ウィムAに送るはずだった契約書を、間違ってウィムBに送ってしまったのだ。

今度ばかりは「ちょっとした失敗」ではすまされない。ウィムBとはすでに価格の交渉がすんでいた。しかし彼は、ウィムAに送るはずだった契約書を見て、自分のほうが高い価格で契約させられていたことを知る。ウィムBは腹を立てた。「なぜあちらのほうが安いのか？　それがおたくのビジネスのやり方なのか？」

そしてウィムBは、私との契約を解除した。

この失敗から私が学んだのは次の3つだ。

①つねに確認を怠らないこと
②小さな失敗が大損害につながることもある
③えこひいきはしない

なぜあんなバカな失敗をしたのか？　そもそもなぜメールアドレスをきちんと確認しなかったのか？　しかし、後悔したところでもう遅い。私は間違っていた。この間違いはどこからどう見ても正当化することはできない。

細部をないがしろにしてはいけない。毎日アラームですぐに起きず、何度もスヌーズボタンを押していても、あるいは自分が書いた本やレポートの内容をきちんと精査しなくても、もしかしたら何事も起こらないかもしれない。

ここでの問題は、**いい加減な態度は習慣になる**ということだ。

何か失敗をしたときや、大きな壁や難問にぶつかったときに、「なぜ？」と尋ねても意味はない。大切なのは、その壁を乗り越える方法を考えることであり、そしてそもそも愚かな失敗をしないように普段から気をつけていることだ。

「細部」を大切にする

人として成長する秘訣

以前の私は細部をないがしろにしていた。そのせいで痛い目も見ている。しかし、その失敗から学んだことは、失敗のせいで失ったビジネスよりも価値が大きいかもしれない。

ビジネスでも、仕事でも、スポーツでも、そして人生全般でも、いちばん大切なのはおそらく「細部」だろう。「悪魔は細部に宿る」は、私のお気に入りの格言の1つだ。

しかし昔の私は、この格言に従っていなかった。その主な原因は、私のせっかちな性格だ。私はいつも急いでいた。メールを送るのも、電話するのも、レポートを書くのも、とにかくあらゆることを急いで片づけようとする。

自分では、てきぱきと手際よく片づけている気になっていた。しかし、それは間違いだった。たいていの場合、物事は端から見ると簡単そうだが、実際にやってみるとそんなことはない。

たとえば、私がこの本を書くのにかかった期間は15か月だ。調査のために時間を費やし、そして実際の執筆、編集、推敲、加筆にも時間を費やした。もちろん、その後にも編集作業が何度もくり返される。タイトルも3回変更した。サブタイトルの変更回数はそれ以上だ。

最初のタイトルは『実用性の技術』だった。私はこのタイトルがとても気に入っていた。馴染みのある響きだったからだ。

しかし、実際に本を書き始め、この本に書かれた思考法を執筆にも適用するようになると、私はふと考えた。「そもそも、本のタイトルでよくある『○○の技術』とは、いったいどういう意味なのだろう?」。いい答えは浮かばなかった。それはつまり、このタイトルではまずいということだ。

2つ目のタイトルは『プラグマティズム式思考の力』だ。今度もまた、私は懲りずにいかにも陳腐なタイトルを思いついた。まさに天才的だ（しかも前のタイトルより長くなっている！）。

世の中には、『○○の力』というタイトルの本がいったい何冊存在するのだろう？書籍情報サイトの「Goodreads」で「the power of」という言葉がタイトルに入る本を調べたところ、なんと8万3895件もヒットした。これだけの本が、タイトルかサブタイトルに「○○の力（the power of)」という言葉を使っているということだ。

私が書籍の執筆について学んだことを1つあげるとすれば、それは何らかの形で目立たなければならないということだ。思考について書かれたいい本が出たとしても、誰もそんなことは気にかけない。実際、あなたがこの本を手に取ったのは、他の本とどこか違うと感じたからだろう。しかし、最初に考えたようなありきたりなタイトルをつけていたら、誰からも「違う」とは思ってもらえなかったはずだ。

この『THINK STRAIGHT』が発売になる2週間前、私は自分のウェブサイトと

ＳＮＳでプロモーションを開始した。するとすぐに、サイトの読者やＳＮＳのフォロワーたちから、次のようなメールを受け取るようになった。

・「発売が待ちきれません！　おめでとうございます！」
・「あなたの本をぜひ読みたいと思います！」
・「目標をきちんと達成してすごいと思います！『THINK STRAIGHT』楽しみにしています！」

私は自分の読者が大好きだ。だからこそ、タイトルにはかなり気をつかっている。当時、この本を読んだ人はまだ誰もいなかった。それなのに彼らは、タイトルを見ただけであんなに盛り上がってくれたのだ。そしてそれは、私が目指していたことでもある。

発売前にメールをくれたみなさん、あなたの期待に応えられたことを願っている。

細部にまで気を配るのは大切な仕事の一部だ。作家であるなら、できるかぎり最高の本を書くのがあなたの仕事だ。デザイナーなら、できるかぎり最高のデザインをすることが仕事になる。

作家を名乗るなら、本を1冊だけ書いてそれでおしまいというわけにはいかない。デザイナーもそれは同じで、1つの製品をデザインしただけで引退することはできない。**経済的にも、精神的にも、人間的にも成長したいのであれば、つねに細部に気を配ることが必要だ。**

きちんとした仕事がしたいのなら、細部をないがしろにしてはいけない。仕事なんかどうでもいいと思っているのなら、そもそもその仕事をするべきではないだろう。

思考に頼らず「いい行動」をとる方法

私がなりたくないのは、考えるだけで行動しない人だ。

そもそも私が考えるのは、人生をもっと充実させたいからだ。理由はそれしかない。人生でできることが増えれば、それだけ充実感も大きくなる。

だからこそ私は、日常生活ではそれほど考えたくないとも思っている。

……矛盾しているように聞こえるかもしれない。もっとよく考えろと言っておきながら、同時に思考を減らせとも言っている。

しかし、それこそが私の言いたいことだ。思考の質を上げれば、行動の質も上げることができる。そこで大切になるのが、思考と行動のアンバランスだ。式で表すと次のようになる。

行動＞思考

思考よりも行動を増やすいちばんのコツは、習慣の力を活用することだ。たとえば、運動で考えてみよう。

私は小さいころからずっと体型維持で苦労してきた。太りすぎの状態が何年も続き、運動しなければ、ダイエットしなければという思いが、いつも頭にあった。

「ジョギングを始めるか、ジムに通ったほうがいいのだろうか？」
「今日はこのポテトチップスを食べて、明日はジムへ行く」
「運動は何曜日にすればいいのだろう？　月曜日と水曜日と金曜日？　それとも火曜日と木曜日？」

どれも役に立たない思考ばかりだ。私は無駄な思考をやめ、その代わりにいくつか基本的なルールを決めた。

・1日に少なくとも30分運動する（毎日）
・あまり激しい運動はしない（くたくたに疲れるまでやらない）
・健康的な食生活（ジャンクフード禁止）
・消費カロリーよりも摂取カロリーを少なくする
・食事と運動の記録を取る

いくつかのルールを組み合わせれば、行動を仕組み化することができる。そして仕組みさえできれば、後は「思考」の手間を省くことができる。思考が必要になるのは、仕組み通りに動いても結果が出なくなったときだけだ。体調が悪くなったり、体重が増えたりしたなら、そこで仕組みを考え直す。

さらに、たとえ仕組みがうまく機能しても、そこで終わりではない。完璧な仕組みなど存在しないからだ。だから私も、定期的に時間をつくって、仕組みを向上する方法を考えるようにしている。

「実際の経験」の多大な価値

子ども時代、私のそばにはいつも祖母がいた。

祖母はとても優しい人だった。もしかしたら、優しすぎたのかもしれない。人生でとても多くのことを家族のために犠牲にしてきた。祖母は、両親に尽くし、きょうだいに尽くし、夫に尽くし、そして子どもに尽くした。

たしかに、それもまた人生の一部だ。固い絆で結ばれた家族を望むなら、必ず何かを与えなければならない。しかし、祖母にとってもっとも大きな犠牲は、晩年を母国のイランではなくオランダですごしたことだろう。私が覚えているかぎり、祖母はいつも過去の話をしていた。本当に、いつもだ。そして最晩年には、後悔のあまり毎日のように泣いていた。

幸いなことに、私の両親、兄弟、そして私自身も、頻繁に祖母を訪ねて元気づけることができた。しかし、私たちの前では笑っていても、祖母の目には隠しきれない後悔の色があった。私は祖母からたくさんのことを学んだ。その多くは、優しさであり、そして家族を大切にする強固な価値観を持つことの大切さだ。

しかし、いちばん大切な教えは、したことへの後悔よりも、**しなかったことへの後悔のほうがずっと大きい**ということだ。2015年の1月に祖母が亡くなると、私は祖母の教えを胸に刻んで生きていこうと決心した。

たとえば、私は昔から外国を旅したいと思っていた。違う街に住みたいという夢もあった。たしかにありきたりな夢だと言われればその通りだ。私と同じような夢を持った人にたくさん会ったこともある。

私が思うに、ここにはポップカルチャーの大きな影響があるのではないだろうか。多くの人は、ジャック・ケルアックやアーネスト・ヘミングウェイのような生き方に憧れる。彼らは各地を旅したことで有名だ。そして最近の若い人たちは、世界を旅して、その写真をインスタグラムに投稿する人たちの生き方に憧れを抱く。

メディアは時代とともに変化したかもしれないが、ここではない場所を旅して、その経験を他の人にも伝えたいという人間の欲求は変わっていない。しかし、だからといって、このような生き方がすべての人に向いているわけではない。

私は向いていないほうの人間だった。そのことに気づいたのは、実際に旅を始めてからだ。なぜそれまで気づかなかったのだろう？

人生では、実際に経験しなければわからないこともある。たとえば起業でも、実際に起業してみなければ、起業家の気持ちはわからない。どんなにビジネス書を読みあさっても、起業について教える動画をどんなにたくさん見ても、それで起業家になれるわけではない。ただ他の誰かの人生を追体験するだけで、自分が起業家になることは絶対にない。

私がいちばん大切にしているのは、自分らしく生きることだ。お金のために嫌いな仕事をするくらいなら、たとえ米と豆だけの粗末な食事に耐えることになっても、好きな仕事をするほうがずっといい。結局のところ、これはあなたの人生だ。

自分のもっとも強い欲求に従って生きるのが、あなたに与えられた唯一の生き方だ。

無駄な思考に惑わされず、つねに明晰思考を心がけていれば、あなたも自分らしい人生を手に入れることができるだろう。

「今」に集中する

私はめったに後ろをふり返らない。うっとりと過去の思い出にひたることは絶対にない。一日中、昔の写真を眺めるなどもっての外だ。そもそも、今この瞬間に完全に集中しているので、写真を撮ろうとも思わない。

私がときどき思うのは、ほとんどの人は過去にとらわれているということだ。彼らは自分の人生を過去形で生きている。目の前の瞬間を楽しむのではなく、スマホでその瞬間を写真に収めることに熱中している。

私なら、レンズを通した人生を生きるよりも、いつでも今この瞬間を楽しんでいたい。もちろん、正直に告白すると、私だって100%今だけを生きているわけではない。それができないこともある。

しかし、**今だけを生きようという意図はいつも忘れていない**。それに、過去に戻りたいという気持ちは一切ないので、だいたいにおいて成功しているのだろう。今を生きることが楽しくてしょうがないので、過去を生きる暇などない状態だ。

だからといって、家族写真を一切撮らないわけではない。ただ、スマホを片時も手放さず、後で見返しもしない写真を撮ってばかりいるような生き方はしないというだけだ。

ここで考えてみよう。あなたには、思い出をふり返る時間がいったいどれくらいあるだろう？　写真、動画、書類、卒業証書、記念品など、過去を思い出させてくれるものを、あなたはどれだけ持っているだろう？

それでも、大切な思い出だから手放せないというのなら、私がきっかけをあげよう。

・もう何年も引き出しの中に眠っている最初のｉＰｈｏｎｅを、この先使うことは絶対にない

・友だちと旅行したときに撮影した動画を編集することは絶対にない
・学生時代のレポートや作文、成績表を見返すことは絶対にない
・収納してある昔の服をこの先着ることは絶対にない
・最初のデートの思い出の品を、この先何かに使うことは絶対にない

過去に属するものをたくさん所有していると、それが「今を生きる」ことの妨げになる。

過去をふり返ることに何か意味があるとしたら、それは過去から何かを学ぶときだけだ。私が日記をつける理由もそこにある。私は定期的に日記を読み返し、その当時の自分の思考プロセスを理解しようとしている。特に、何かが思い通りにいかなかったときは、日記を読み返せば理由を理解するヒントになる。

たとえば、2017年の私は、ブログを定期的に書くようになって2年がたち、ニュースレターの購読者も2万2000人を超えていた。そこで、有料の会員制ウェブサイトを始めることにした。

実際にサイトを立ち上げる前に、私が考えていたのはこんなことだ。

「会員が1000人で、1人あたりの会費が月に5ドルなら、このサイトの運営だけで生活できる。有料会員は、会員限定のコンテンツを受け取ることができる。これで会員も、5ドルの会費の元は取れるはずだ」

これが私の当時の思考プロセスだ。1000人という数字を想定したのは、雑誌『ワイアード』の創刊編集長として有名なケヴィン・ケリーが書いた記事を読んだからだ。それは「1000人の真のファン(1000 True Fans)」というタイトルの記事で、大きな話題になった。それに加えて、他のブロガーが運営している会員制サイトも研究した。

紙の上では、すべてが完璧に見えた。さらに私には、数多くのオンラインセミナーを販売してきた実績もある。私の仕事の価値は、多くの人にわかってもらっているはずだ。

しかし、期待した通りにはならなかった。サイトの立ち上げから1か月後、会員になってくれたのは78人。そして6週間後、私はサイトの閉鎖を決めた。

友人や同僚の多くからは、あきらめるのが早すぎると言われた。有料会員の中にも同じことを言う人がいた。もしかしたら、彼らが正しいのかもしれない。

しかし私は、ちょっと壁にぶつかったらすぐにあきらめるようなタイプではない。たとえば、私は6年半をかけて2つの学位を取ったが、その間に学校を辞めようと思ったことが何度もあった。また、生計を立てることが困難だったので、家族経営のビジネスを辞めようと思ったことも何度もある。そのどちらでも、私は途中で投げ出したりはしなかった。

しかし、だからといって今回の決心が変わることはない。私が会員制のサイトを閉じることにしたのは、事実と結果に集中する明晰思考を実行したからだ。

「このペースで会員が増えるとしたら、1000人になるまでに12か月かかる。それに加えて、最初の1か月で6人がキャンセルした。つまり、キャンセル率も考慮すると、1000人に到達するまでもっと時間がかかる。また、この6週間は、会員に特別なコンテンツを提供しなければならないという思いがずっと頭の中にあった。会員になってよかったと思ってほしかった。それが大きなプレッシャーになり、サイトのコンテンツづくりに時間を取られ、家族のビジネスやコーチング業のほうがおろそかになっている。以上を考慮すれば、会員制サイトは私にとって正しい戦略ではなかったと判断できる」

目標は1000人で、現在は78人だから残りは……と単純な計算をするのではなく、私はさらに現実面で考えを進めた。

長く会員でいてもらうにはどうすればいいだろう？　そのために必要な仕事量はどれくらいか？　別の方法で目標を達成することは可能だろうか？　人々の助けになる方法は他にもたくさんある。それに、私が生活費を稼ぐ方法だって他にもある。

そこまで考えたからこそ、私は6週間で有料会員制サイトを閉じることに決めた。物事がうまくいかなかったからといって、それで世界が終わるわけではない。

思い切って決断して、その決断を実行し、そして前に進む。後ろをふり返るのは、何かを学ぶときだけだ。

会員制サイトを始めるという実験を今からふり返ると、ずいぶん多くの時間を消費したことがわかる。

会員専用のコンテンツをつくったり、宣伝コピーを考えたりするのにおよそ3か月かかった。それに始める前から、会員制サイトの運営にはかなりの時間がかかることもわかっていた。「細部」についての章を覚えているだろうか？　きちんとした仕事がしたいのなら、細部をないがしろにしてはいけない。

この会員制サイトのケースでは、何もしないのが私にとって正しい行動だった。なぜなら、当時の私には、家族のビジネス、記事や本の執筆、オンラインセミナー、コンサルティング業など、他にもやることがたくさんあったからだ。

今ふり返ると、私があの経験から学んだことがわかる。それは、**人生の同じ時期に取り組める大きなプロジェクトは1つだけ**ということだ。

過去をふり返るのはもちろん大切だ。しかし、ずっと過去にとどまっていてはいけない。人生は、今この瞬間に起こっている。

たちどまって「起きていること」をただ感じる

時間は有限だ。遅かれ早かれ、人は誰でもその事実を思い知らされることになる。そしてそこからは、もっと時間の使い方を意識するようになる。

思考はというと、諸刃《もろは》の剣《つるぎ》だ。あなたを助けることもあれば、あなたを破滅させることもある。どちらになるかを決めるのは、思考を使う方法だ。あなたの頭は1つの道具だ――それ以上でも、それ以下でもない。

私はこの本で、自分の頭脳を効果的に使う方法を述べてきた。いつもと違う思考法が必要なこともあれば、すべての思考を止めなければならないこともある。どの方法を、いつ使うのかを決めるのは、あなただけだ。

しかし、どんな方法を選ぶにせよ、思考に時間を使いすぎるのは避けなければならない。なぜなら、考えてばかりいるのは人生の無駄づかいだからだ。

結局のところ、**行動を伴わない思考は何の役にも立たない**。とはいえ、この本でもすでに見たように、行動の前には必ず思考が必要だ。

効果的な思考とは何か？

ここで話をわかりやすくするために、私が考える「効果的な思考」をリストにしておこう。

- 人生を向上させる
- キャリアやビジネスを成長させる
- 未来を視覚化する
- 新しいアイデアを考える
- 問題を解決する
- パートナー、家族、友人と一緒にする楽しいことを考える見ればわかるように、そんなに複雑なことではない。しかし、この思考法を徹底するのはやはり難しく、かなりの努力が必要だ。

この本を一度読んだだけで、すぐに効果的な思考を身につけられると思ってはいけない。思考法も他のスキルと同じで、継続的に訓練しなければ身につけることはできない。

私の場合、**人生で起こることはすべてよりよい思考法を身につけるためのエクササイズ**だと考えることで、自分の思考を鍛えてきた。

もし思考を鍛えなかったら、不平不満や自己憐憫《れんびん》といった役に立たない思考で時間を無駄にして、人生を楽しむことができないだろう。

私たちの誰もが、考えることに時間を使いすぎている。そしてその結果、人生の多くを失っている。他人の人生がキラキラして見えるのが問題だと思っているかもしれないが、それはまったく関係ない。

誰でも知っているように、美は細部に宿る。あなたは今朝、目を覚ましたとき、太陽の光の美しさに気づいただろうか？　雨が降っていたなら、雨粒の美しさに気づいただろうか？　コーヒーの香りを楽しんだだろうか？　シリアルの歯ごたえは？

これらの質問への答えが「ノー」なら、あなたは今すぐに考えるのをやめ、外の世界に意識を向けなければならない。

思考を止めて、今この瞬間を感じよう。

心に「静寂」を見つける

この本の目的はただ1つ、心の静寂を手に入れることだ。人生で何が起ころうとも、心は静寂でなければならない。

これは人生における究極の目標だ。自分の精神をコントロールできる人だけが、完全な心の静寂を達成できる。

ここで忘れてはならないのは、心の静寂を手に入れるには、日々の訓練が欠かせないということだ。心の静寂を見つけることを、「瞑想」と呼ぶ人もいれば、「マインドフルネス」と呼ぶ人もいるだろう。しかし、ここで呼び方は関係ない。大切なのは、複雑に考えすぎないことだ。心の静寂を見つけるために、1万ドルもするセミナーに通う必要はない。

ただ座り、自分の思考と1つになる。思考を観察し、そして思考を手放す。瞑想に必要なのはそれだけだ。

私はいつもこの「瞑想」を行っている。歩くとき、運動するとき、執筆するとき、誰かや何かを待っているとき、座っているとき、横になっているとき——とにかくあらゆる活動が、私にとっては瞑想だ。瞑想のために、何か特別なことをする必要はまったくない。ただ自分の思考に気づき、そして手放すだけだ。

これはすでに述べたが、とても大切なことなのでもう一度言おう。自分の思考をコントロールするのに、ヨガマットも、音楽も、先生も必要ない。ただ自分の内面に入り、そこに静寂を見つけるだけだ。その気になればいつでもできる。

そしてもちろん、休暇の旅行に出かけなくても、新しい靴を買わなくても、お酒を飲まなくても、ストレスを解消することはできる。ただ心の静寂を見つけるだけでいい。

なぜ私はそう断言できるのか?

それは、私が実際に自分の精神をコントロールしているからだ。
精神が何をするかは、私が決める。
私にできるのだから、あなたにもできる。

「自分の人生を超えて残るもの」を考える

この本でお伝えしたアイデアの多くは、「プラグマティズム」と呼ばれる哲学が基になっている。

「プラグマティズム」をグーグルで検索すると、おそらく「元ジョンズ・ホプキンス大学教授のチャールズ・サンダース・パースが創始した哲学」というような説明が見つかるだろう。

しかし、プラグマティズムについてさらに詳しく調べると、ウィリアム・ジェームズという人物に行き当たる。パースがプラグマティズムの創始者とされているのは、1898年にジェームズがそう認定したからでもある。

たしかにチャールズ・サンダース・パースは1880年代に多くの尊敬を集めた

学者だ。しかし、19世紀の終わりにはその名声を完全に失っていた。

ジェームズとパースが知り合ったのは、彼らがハーバード大学のローレンス・サイエンティフィック・スクール（現ジョン・A・ポールソン工学・応用科学スクール）で学んでいた1860年代のことだ。


数学と論理学における神童と称されたパースは、卒業後にジョンズ・ホプキンス大学の教授に就任した。しかし、自身の再婚をめぐるスキャンダルで、1884年にその職を失うことになる。とても悲しい話だ。

パースの最初の妻は、1875年に彼の許《もと》を去った。それから間もなくして、パースは別の女性と付き合うようになる。そのときはまだ、法的には出ていった妻と結婚している状態だった。8年後に正式に離婚することになるが、それまでの間、彼は法律上の配偶者ではない女性と一緒に暮らしていた。

パースの同僚で、天文学者・応用数学者のサイモン・ニューカムが、どうやらそのことを大学当局に密告したようだ。その結果、パースは大学を追放され、世間を騒がすスキャンダルにまで発展する。悲しいことに、パースは学者としてのキャリアを完全に失い、それから長らく貧困生活を送ることになった。何年にもわたってニューヨークで路上生活を送ったこともある。誰も彼を助けなかった。ただ1人、古い友人のウィリアム・ジェームズをのぞいては。

1870年、自身のうつ病を乗り越えたジェームズはある仕事に取りかかった。その仕事は、1世紀以上たった現在でも大きな影響力を保っている。ジェームズはハーバード大学の教授に就任し、『心理学原理（The Principles of Psychology)』の出版をきっかけに一躍学会の寵児《ちょうじ》に躍り出た。1890年に出版されたこの本は、執筆に12年を要している。友人とは対照的に、ジェームズはそれから長年にわたって輝かしいキャリアを築いていった。

そして1898年、「哲学的な概念の誕生と実用的な結果」と題された講演の中で、ジェームズは何の前触れもなく、すでに世間から忘れ去られていたチャールズ・サンダース・パースの名前をあげ、彼こそが「プラグマティズムの原理」を生み出した存在だと称賛した。

プラグマティズムとは、簡単に説明すると、**「アイデアの実用的な面を見る」**という態度のことだ。ジェームズの考えでは、世の科学者たちは、人々の生活に何の影響も及ぼさない抽象的なアイデアや理論のことばかり考え、多大な時間を無駄にしている。つまり、「地球の成り立ちが科学的に解明されたからといって、それで自分の人生に何の影響があるのか？」ということだ。

『プラグマティズム読本（Pragmatism: A Reader）』の著者であるルイ・メナンドは、プラグマティズムの原理について次のように述べている。「対象が何であれ、完全な証拠は絶対に手に入らない。人間の決断はすべて賭けであり、現在の宇宙の状態も、今後宇宙がどうなるかもすべて不確実だ」

プラグマティズムについての考えは人それぞれかもしれないが、1つ確実に言えるのは、ジェームズは友人のためを思って、プラグマティズムの創始者としてパースの名前をあげたということだ。

ジェームズが偉大な人物である理由もそこにある。実際にプラグマティズムを創始したのはジェームズだが、彼はその名誉をあえて自分のものにしようとはしなかった。ジェームズの尽力がなければ、プラグマティズムはこの世に存在せず、パースは永遠に忘れられたままだっただろう。

ジェームズはこの行動によって、とても意義深いことを達成した。それは、**「友を助ける」**ということだ。パースはある程度の名誉を回復し、晩年には何本かの論文も残している。ジェームズはたくさんの貴重な知恵を残したが、私が彼から学んだもっとも大切なことは、この「友を助ける」という姿勢だ。

ウィリアム・ジェームズ自身も、かつてこう言っている。**「人生のもっとも偉大な活用法は、自分の人生を超えて残る何かのために使うことだ」**

実用面だけで考えれば、自分が死んだ後に残るもののために何かをする理由など1つもない。そもそも、自分が生きてそれを見ることはできないのだから。

しかし、大切なのはそういうことではない。この姿勢、つまり他者のために何かをする、他者のために何かを創造するという姿勢を念頭において日々を生きていれば、実際に世界にいい影響を与える行動をすることになるだろう。そしてその結果、人生は自動的に意味を持つようになる——あなた自身だけでなく、すべての人にとって意味を持つのだ。

日本語版限定
ボーナスチャプター

この本を読んでくれてどうもありがとう！
あなたは今、この本の通常版を読み終わったところだ。
ここから先は、日本のあなたのために特別に加筆した
ボーナスチャプターをお贈りしたい。
お楽しみください！

気を散らさず集中力を保つ方法

最近読んだ記事に、ニュースアプリの利用が２０２０年を境に爆発的に増えたと書いてあった。ニュースサイトの閲覧者が増え、そして閲覧者がサイトですごす時間も増えている。

記事を読んだとき、私はすぐ「その通りだろう」と考えた。自分をふり返ればわかることだ。２０２０年より前と比べ、あなたはネットニュースを見ることが増えただろうか？　少なくとも私は増えた。

しかし、増えたのはニュースの閲覧だけではない。ほんの数年前と比べても、日々の生活で集中を妨げるものがどんどん増えている。

私がそれに気づいたのは、いつも自分の行動や、他人の行動を観察しているからだ。私たちのまわりには、集中を妨げるものがたくさんある。その大きな理由は、以前より「脅威」とされるものが増えたからだ。例をあげよう。

- インフレ
- 地政学的な緊張
- 景気後退
- 株価の下落
- 新しいパンデミックの可能性
- 犯罪率の上昇

あなたが住んでいる場所ではどうだかわからないが、一般的に言えるのは、誰もが以前よりピリピリしているということだ。みんな、いつもどこかへ急いでいるように見える。

他人の行動を観察し、変化に気づくのは簡単だ。しかし相手が自分となると、それと同じことをするのは難しい。

そこで、気を散らさないようにするための対策を紹介しよう。

ステップ1：気づく

自分の状態を自覚することは、かつてないほど重要になっている。これからは、自分の行動を観察する時間を増やすようにしよう。手始めに、あなたはスマホにどれくらい時間を使っているだろう？

今週の時間の使い方をふり返ってみよう。あなたは、その時間の使い方に満足しているだろうか？　やめてしまった「いい習慣」はあるだろうか？


先日、私も自分を観察してみたところ、いつもよりスマホに使う時間が増えていることに気がついた。ほぼ50％の増加だ。

こういったことに気づくと、私たちの頭は言い訳を考える。たとえば私の頭は、「株価をチェックしなければならないし、経済ニュースも読んでおく必要がある」という言い訳を考えた。

しかし、これは本当の理由ではない。旅行中ならわかるが、それ以外でスマホばかり見ている理由など1つもない。移動中にスマホでいろいろ調べるのは普通のことだ。スマホはそのためにある。しかし、普段からスマホばかり見ているなら、それはスマホを使っているのではなく、**スマホに使われている状態**だ。

ステップ2：時間の使い方を向上させると心に誓う

自分がいかに時間を無駄にしているかに気づいたら、その時間をもっと有効に使う方法を考える。しかし、ちょっとした暇つぶしのための習慣は、やめるのが本当に難しい。

ここでは禁煙の方法が参考になる。禁煙を決意した人は、タバコを吸う代わりに何かやることを見つけようとする。たとえばタバコを吸いたくなったら、そのたびに外に出て5分間だけ歩く、というように。

悪い習慣をやめる方法は、それに代わるもっといい行動を見つけることだ。朝、目を覚ましたらSNSをチェックする人は、それをオーディオブックを聴くという行動に変えてみる。

代わりになるいい行動を見つけないと、気を散らす悪い習慣をやめるのは不可能だ。ネットニュースばかり読む代わりに、もっといい時間の使い方を見つけなければならない。

ここであなたに、ぜひ覚えておいてもらいたいことがある。

それは、**「ニュースを読むと、不安になり、悲観的になる。歴史を読むと楽観的になる」**ということだ。

その理由は、ニュースは悪いことばかりに注目し、歴史はいいことに注目するからだ。世の中には、楽観的になれるようなことがいつでもたくさん存在する。あなたはただ、それを見つけようと努力すればいいだけだ。

そして、そのすべては、自分が注意を向ける先をコントロールすることから始まる。これは現在進行形の闘いだ。そして、この闘いは日に日に激しくなっていく。

しかし、だからこそ、自分の注意をどこに向けるかを、いつでも最優先にしないといけない。現在の経済において、ほとんどの人はすでに機能していない。彼らはロボットになってしまった。誰かや何かに注意を奪われるだけの奴隷のようだ。
あなたはそうなってはいけない。自分の注意をコントロールしよう。
そして、自分の人生を豊かにしてくれるものだけに集中しよう。

「目標」に自分を引っ張ってもらう

私が大好きなトピックの1つ、それは「モチベーション」だ。モチベーションの話題は、絶対に古くならないだろう。なぜなら、モチベーションは長続きしないからだ。

ときにはやる気が出なくなるのはまったく普通のことだ。私も親友とこのことについてよく話す。しかし彼の場合、2週間後に結婚することになっていて、結婚式に向けて1年前からずっとモチベーションがマックスの状態だ。自分史上最高の見た目で式に臨みたいと思っているからだ。

あんな彼の姿を見たのは初めてだった。1年間、運動をほぼ毎日続け、しかも他の分野でもすべて完璧にこなしていた。

昔の彼はまったく違っていた。運動を1、2か月続けたと思ったら、怪我をして、それをきっかけにやめてしまう。運動を再開するのは、それから何か月もたってからだ。こんな調子では何の効果もない。

しかし、今の彼には大きな目標と期限がある。そのおかげで、つねにスイッチが入っている状態だ。1分たりとも無駄にしない。結婚式の当日は、刻一刻と近づいているからだ。私たちはみな、今の彼のように生きなければならない。

「問題は結婚式が終わってからだよ」と彼は言う。

私が自分のニュースレターでよく目標について取りあげるのも、幸せな人生を手に入れたいなら、目標ほど大切なものはないからだ。

私たちがもっとも幸せを感じるのは、何かに向かって努力しているときだ。実際のところ、達成すると決めたことを本当に達成しても、自分がそこまで変わるわけではない。それはそれでかまわない。目標さえ達成すれば、何かが大きく変わるはずだという期待は禁物だ。

目標を設定することの意味は、その結果として新しいライフスタイルを採用することにある。目標に何かを変える力があるとしたら、カギとなるのはライフスタイルだ。

ここで1つ質問がある。あなたは今のライフスタイルに満足だろうか？　もし答えが「ノー」なら、何か大きな目標を決めてみよう。私は友人と一緒に、トライアスロンに挑戦することを計画している。私は泳ぎが苦手だが、教室に通って正しい泳ぎ方を習うつもりだ。

大きな目標は、運動や身体に関することでなくてもかまわない。新しい外国語を習得する。本を書く。起業する。本をもっとたくさん読む。目標は何でもいい！

高いモチベーションを維持できるような目標を設定しよう。

「ノー」はすでに受け取っているものとする

昔から「自立するのは大切なことだ」とされている。そして、自立の大切さを語るときに、よく取りあげられるのが「自立の利点」だ。たしかに、日々の生活で自立しているのはすばらしいことだ。自分の頭で考えて判断することができれば、わざわざ人の意見を聞いたり、答えを探して検索したりする必要もない。

こういった自立の考えを説いたことで有名なのが、詩人で哲学者のラルフ・ウォルドー・エマーソンだ。

エマーソンの著作を読んだことがない人は、今からでもぜひ読んでほしい。エマーソンは、何を信じるかということについても、自立は大切だと言う。それはつまり、自分の頭で考えるということだ。自分の人生を生きるには、自分の頭で考えなければならない。

追い求めるキャリア、信じる（あるいは信じない）宗教、一緒にすごす人、着る服、取り入れるアイデア。こういったことは、すべて自分で決めなければならない。他の人の意見を気にしてはいけない。

これはたしかにすばらしい考え方だ。おそらくあなたも異論はないだろう。

しかし、私たちは「自立」を誤解することもある。何でもかんでも自分で決め、自分でやらなければならないと考えるのだ。

もしあなたが、すべて自分でやったほうがいいと考えているのなら、それは危険信号だ。野心家や、向上心が強い人は、特にその傾向がある。私もその1人。そしておそらく、あなたも私と同じようなタイプだろう。

助けを求めるのが苦手な人は、「自立」の意味を勘違いしている。自分の態度に問題があるかどうか知りたかったら、もう1つ判定方法がある。あなたはいつも、たとえ大丈夫ではないときも、自分は大丈夫だとまわりに思わせたい気持ちが強いだろうか？

いつでも仮面をかぶり、自分は大丈夫だというふりをしなければならないと感じているなら、その態度は人生の大きな重荷になる。ここで忘れてはならないのは、**完璧になる必要などまったくない**ということだ。ときには何かが大丈夫ではないこともある。それが人生というものだ。

人は頼られると喜ぶ

私の経験から言うと、たいていの人は他人に助けを求めない。サポートも、フィードバックも求めない。仕事でも、プライベートでもそうだ。いつも自力で解決しようとする。しかし、それがいい結果につながることはあまりない。

先週、ライティングの生徒の1人からメッセージを受け取った。ジョナスという名前の高校生だ。彼は自分の文章についていくつかアドバイスを求めていた。それに加えて、15分間だけ電話で話したいというリクエストもあった。

ジョナスが真剣なのはよくわかった。よく考えられたメッセージで、質問もすばらしかった。そこで私は「イエス」と答えた。

ここで私が言いたいのは、**ほとんどの人は、助けを求められれば喜んで応じるということ！**　なぜその人に助けを求めるのか、どんな助けが必要なのかということをきちんと伝えれば、たいてい何らかの反応が返ってくる。

たとえ返事が「ノー」でも、あなたの状況は何も変わらない。ただのプラマイゼロだ。そして返事が「イエス」なら、状況はプラスになる。

私たちは、相手の状況を考えすぎてしまうことがよくある。忙しいだろうから、自分のために割く時間などないだろう、と。もちろん私だって、ジョナスから電話で2時間話したいと言われたら、希望に添うことはできなかった。しかし、実際は小さなお願いだったので、私も気軽に「イエス」と答えることができた。

人に何かをお願いするなら、このように小さなお願いにすることがカギになる。

何もしなければ「ノー」、何かすれば「イエス」かもしれない

ジョンとの間にも似たようなことがあった。ジョンは私のために、編集やリサー

チの仕事をしてくれている。私は彼への報酬を、いつもＰａｙＰａｌで払っていた。最初の支払いがＰａｙＰａｌだったので、そのまま続けていただけだ。

ジョンは私に、報酬の支払いを銀行振込に変えてほしいと言ってきた。ＰａｙＰａｌの手数料が高すぎるからだ。手数料の問題は私にとっても同じだ。だから、彼の頼みを断る理由は１つもない。彼も私もお金を節約できるのだから、支払い方法を変えたほうがいいに決まっている。

しかし、もし彼が頼まなかったら、私たちはずっとＰａｙＰａｌを使い続け、高い手数料を払い続けることになっていただろう。銀行振込に変えるのは、私たち双方にとって利益になるのに。

だから、もし誰かの助けが必要なら、または何か気になる問題があるか、何か変えてほしいことがあるのなら、あなたはただお願いすればいいだけだ！　オランダにはこんなことわざがある。**「『ノー』はすでに受け取っている。しかし、もしかしたら『イエス』が手に入るかもしれない」**

結果が早く出ないと不安になる人へ

この章では、「広い視野で物事をとらえる」ことの大切さについて見ていこう。特に、人生で何か意義のあることを成し遂げるのに必要な「時間」という観点から考えていく。

広い視野が大切なことは誰もがわかっている。ただ日々の生活に追われ、広い視野を失ってしまうことがよくあるだけだ。

そこで、まずあなたに質問だ。あなたは現在、どんな目標に向かって努力しているだろう？

この質問に、「今は起業に向けて努力している」と答える人もいるだろう。あるいは、「わからない。特に目標はないんじゃないかな」と答える人もいるかもしれない。

あなたが前者のグループに入るなら、早く目標を達成したくてたまらないだろう。後者なら、早く目標を見つけたいかもしれない。

たいていの人は、早く結果が出ること、早く答えが出ることを望む。しかし、まわりの人の人生を観察してみればわかるように、現実の世界でそうなることはめったにない。実際のところ、すべてのことは予想したよりも長く時間がかかるものだ。

50代になって初めて自分の天職が見つかる人もいる。それはつまり、人生を捧げたい何かが見つかるまで、ただ待っていたほうがいいということだろうか？　それを望む人は誰もいない。しかし、多くの人が実際にそういう人生を送っている。

「人生でやりたいことがわからない」と、多くの人が言う。しかも、それが悪いことだと信じているようだ。「やりたいことが見つからないなんて最低だ」と。

なぜそんなふうに思うのだろう？　それが悪いことだと決めつける必要はまった

くない。「私は自分の欲しいものがわからない」と、ただ事実をそのまま言えばいいだけだ。それ自体は、いいことでも、悪いことでもない。ただ、現状のあなたがそうだというだけだ。

欲しいものがわからないからといって、あるいは目標に向かってもう何年も努力しているからといって、あなたの人生が無意味だというわけではない。

「歴史」で大局観を養う

大切なのは、毎日の生活で広い視野を忘れないこと。物事の大局を見る必要がある。それに加えて、歴史から学んだ現実的な視点も大切だ。

世の中の大金持ちのほとんどが、何十年もかけて富を築いたというのなら、たった5年で大金持ちになろうとするのは現実的ではない。もちろん不可能ではない。文字通り一晩のうちに大金持ちになった人も実際に存在する。

ただ、現実的でないというだけだ。

そこで広い視野の出番となる。広い視野とは、**自分を正しく評価して、何が現実**

的で、何が非現実的かを判断できる能力のことだ。広い視野を手に入れるには、まず歴史を知らなければならない。自分の人生と、身近な人の人生しか見ていなかったら、広い視野を手に入れることはできない。多くの人が挫折するのもそのためだ。彼らは自分の狭い世界の中だけにとどまっている。

彼らは映画やドラマをお手本にする。しかし、ここで大切なのは、実際に何かを成し遂げた人から話を聞くことだ。興味深い人生を送った人の物語を本で読むことだ。

私は最近、セオドア・ルーズベルトの伝記を読んだ。タイトルは『朝の乗馬：並外れた家族の物語　失われた生き方と、後にセオドア・ルーズベルトとなった唯一無二の子ども（Mornings on Horseback: The Story of an Extraordinary Family, a Vanished Way of Life, and the Unique Child Who Became Theodore Roosevelt）』。

私がもっとも興味を持ったのは、この本の切り口だ。ルーズベルトの全人生を追うのではなく、人格が形成される幼少期から青年期が中心で、人格がほぼ完成する40歳前後で終わっている。

この本が扱っているのは、もっともよく知られている大統領時代と、それ以降のルーズベルトではない。たいていの人は大統領時代のルーズベルトに興味を持つが、この著者は、後のルーズベルト大統領が形成される過程のほうに興味を持っていた。

これもまた、広い視野を持つということの一例だ。

あえて愚かになる

何事も完成するまでには時間がかかる。そのため、ときには愚かになることも必要だ。ただし、本当に愚かでは困る。ここで大切なのは、何かに対して**意図的に愚かになる**ことだ。

私は先日、ハワード・マークスのインタビューを聞いた。マークスは成功した投資家として有名だが、著述家としても高く評価されている。

彼は10年もの間、クライアントにメモを送っていたが、その間まったく返事がなかったそうだ！　10年は長い。しかし、彼はただメモを送り続けた。何のフィードバックバックもないのに、同じことを10年も続けるのは並大抵のことではない。誰にも返事をもらえなかったら、たいていの人は途中でやめてしまうだろう。「ありがとう。役に立ったよ」の一言もないのだから。

彼の態度を、粘り強いと言う人もいれば、ただ愚かなだけだと評する人もいる。私は彼を尊敬する。いい人生を送るには、こういった行動が必要だ。

あなたが今すぐにやめたいことは何だろう？　それともあなたは、ただ惰性で何かを続けている状態だろうか？

人生は長い。何かに疑問を持ったり、自分は間違っているのではと感じたりすることもあるだろう。しかし、その気持ちはいったん脇に置き、ひたすら前に進んでみよう。自分にエネルギーと喜びを与えてくれることをやればいい。

たまに「無為の時間」を楽しむ

どんなに努力しても、目に見える成果がまったく現れない——おそらくたくさんの人が、今の自分はまさにそんな状況だと思っているのではないだろうか。

ほんの数年前と比べても、社会は大きく変わった。先日会ったある人は、「最近は誰もがどんどんどん頭がおかしくなっているようだ」と言っていた。

私もその通りだと思う。最近、『ウォール・ストリート・ジャーナル』紙にも、飛行機の中でルールを守らない乗客が増えたという記事が掲載されていた。今年に入ってから起こった飛行機内での暴力事件は、あと5か月を残した状態ですでに過去最多を記録している。

この傾向は、ある程度まで私たちの日常生活にも反映されているだろう。車を運転しているときや、スーパーで買い物をしているときなど、あらゆる場面でルールを守らない人や、怒っている人が増えている。それに加えて、生活もさらに苦しくなった。あらゆるものが値上がりし、ほとんどの都市部で、不動産価格が異常なほど高騰している。

その結果、私たちはつねに大きなプレッシャーとストレスにさらされるようになった。そんな状態で目標に向かってがんばろうとしても、疲れ切っていてそれどころではないだろう。

先週の土曜日、仲のいい友人が遊びにきた。彼は、時間を無駄にしてばかりいる自分がイヤになると言っていた。時間を無駄にしてしまうと、まず腹を立て、そして罪悪感にさいなまれる。野心家の人ほど、自分に厳しくなるようだ。

私たちに必要なのは、自分を責める内なる声を黙らせることだろう。

ストレスに押しつぶされそうだ、時間を無駄にしている、まったく成果が出ていないと感じたとき、あなたならどうするだろう？　私は先月、たくさんの人にこの質問をしてみた。すると、だいたい同じような答えが返ってきた。「新しい目標を設定して状況を変える！」と、彼らは言った。とにかくがんばってやり遂げるという答えだ。

しかし、それは間違っている！

今度、行きづまっていると感じたら、そのまま何もせずにいよう。そう、私は本気だ。ただ流れに身を任せ、そして何もしない。

「でも、ちょっと待って。あなたはいつも、生産性が大事だって言っているじゃないか」と思うかもしれない。先ほどの友人も、まさに同じことを言ってきた。

たしかにその通りだ。私は、**「長期的な生産性」**を重視している。**生産的な人生が大切だ**といつも言っている。

人生には浮き沈みがつきものだ。一年中、安定した好成績を出すのを期待するのは非現実的だろう。無理をして生産的になろうとしても、かえって自分の足を引っぱるだけだ。無理をしてうまくいったためしはない。

ネットを見れば、つねに自分をむち打っているような人があふれている。しかし、その生き方は万人向きではない。そうだと思うほうがびっくりだ。多くの人は、連続起業家のゲイリー・ヴェイナチャックや、元ネイビーシールズ司令官のジョッコ・ウィリンクのような超人に憧れ、自分にも同じことができると考える。私も彼らのような人は好きだ。しかしだからといって、彼らと同じことをしようとは思わない。それはまるで、イーロン・マスクに憧れて、自分でロケットをつくろうとするようなものだ。

ある種の人たちは、遺伝子からして普通の人とは違っている。1日4時間しか睡眠を取らず、18時間も働いていたら、私なら頭がおかしくなってしまう。

1週間か2週間くらいうまくいかなかったからといって、それで世界は終わらない。人生を向上させるためにがんばろうという気持ちがあるのなら、たまに時間を無駄にするくらい、悪いことでも何でもない。

昔から「悪魔は細部に宿る」と言われる。しかし率直に言って、人生は短いのだから、もし時間を無駄にしてしまったのなら、自分に対して腹を立てる時間などますますないはずだ。

問題なのは、時間を無駄にする生き方を延々と続けることだ。そういう人は、後で人生をふり返ったときに後悔することになる。

しかし、そうでないなら、たまに時間を無駄にするくらいはかまわない。だらだらしたいという衝動を抑えつけずにいると、興味深いことが起こる。そのときあなたは、ただ流れに身を任せている。無理に流れに逆らって泳がない。それは、人生を楽しんでいるという状態だ。アイスクリームを食べてもいい。ポテトチップスを食べてもいい。映画を観てもいい。

そしてしばらくすると、そんな生活にも飽きてくる。また何かに興味がわいてくる。身体を動かしたくなるかもしれない。前に進みたくなるかもしれない。

そうなったら、また全力で突き進みたくなるだろう！

「先のこと」を考える秘訣

私たちはつねに、現在を取るか、それとも未来を取るかという選択に直面している。目先の喜びを優先するべきか？ それとも、よりよい未来のために、今は自分に投資すべきか？

この選択がこんなにも難しいのは、人生そのものが難しいからだ。未来がどうなるかは誰にもわからない。すべてのことは不確実だ。しかし、あなたも私も、準備さえしっかりしていれば不確実なことにも対処できるはずだ。

ここではあなたに、先回りして考える習慣を身につけてもらいたい。たいていの人は、すべてはもう終わったことであり、過去は変えられないと考える。しかし発想を変えれば、**今この瞬間は、これから何か新しいことが始まる瞬間でもある**のだ。実際のところ、ここから先はさらに多くの不確実性が私たちを待ちかまえている。

そんな状況で何ができるのか？　ここではそのことを中心に考えていこう。人生は大変だと心配ばかりしていても、何の役にも立たないからだ。

①毎日スキルを向上させる

提供できる価値が増えるほど、仕事を失う確率は低くなる。今の時代は、価値を提供することが特に重要だ。だから、たとえ季節が夏であっても、遊びたい気持ちをぐっとこらえて、自分を磨く時間を少なくとも1日に1時間は確保しよう。新しいスキルを身につける時間でもかまわない。

②新しい収入源をつくる

収入源は1つしかないという人も、複数あるという人も、今年中にさらにもう1つ収入源を増やすことを目指そう。それで入ってくる額が200ドルでも、

2000ドルでも関係ない。いちばん大切なのは、新しい収入源が未来への備えになるということだ。

2020年の、パンデミックがもっともひどかったころを思い出してみよう。すべてが閉じられてしまったあの期間に、まだ売れていたものは何だろう？ 本、オンラインコース、ブログ、不動産、株、ネットショップ、フードデリバリー、他にもいろいろある。

③体型維持

健康的な習慣などすべて忘れて、夏を思いっきり楽しみたい気持ちはよくわかる。しかし、どちらかのために、もう一方をあきらめる必要はない。夏を楽しみながら、運動を続けて体型を維持することはできる。

④「今」に集中する習慣づくり

瞑想でなくてもかまわないので、最低でも「今、ここ」に集中して毎日を楽しめるようになる習慣を確立する。

⑤投資

たとえ見通しが暗いときも、私はずっと投資を続けたいと思っている。現につい去年も、3月に株価が急落したかと思ったら、またすぐに盛り返してきた。

これは大切な人生の教訓でもある。**たとえ危機を経験しても、その危機は永遠には続かない**。私たちはいつでも立ち直ってきた。しかし、そこであきらめたり、恐怖で動けなくなったりすると、将来の「利益」をみすみす逃してしまう。大切なのは、チャンスを見逃さないようにすることだ。

大変そうだと思うかもしれないが、そんなことはない。**ただ、SNSに費やす時間を減らし、投資と人生を向上させる方法について学ぶ時間を増やせばいいだけ**だ。

ここで大切なのは、先回りして考えることと、今この瞬間を生きることの間でバランスを取ることだ。

将来のことを考えるのは大切だ。しかしそれと同時に、毎日の生活も楽しみたい。先のことだけを考えていると、かえって逆効果になるだろう。備えができて安心するのではなく、むしろ不安が大きくなる。

私の場合、計画を立て、将来について考える時間は週に2、3時間だ。それ以外は、計画を実行するか、または目の前の瞬間を楽しんでいる。

私の時間に対する考え方をまとめると、次のようになる。

・過去に集中する時間：1％

私もときには過去をふり返り、その経験から何かを学ぼうとしている。しかし、過去にとらわれたくはない。**過去をふり返るのは、そこから何かを学ぶときだけ**だ。

・未来に集中する時間：9％

この時間を使って計画を立て、思考する。いつでも考えごとをしているような人生は送りたくない。

・現在に集中する時間：90％
この時間を使って計画を実行し、そして人生を楽しむ。

いつでも先のことばかり考えている必要はない。週に2、3回考えるだけで、未来への準備は十分だ！　計画を立てることは頭のエクササイズであり、数をこなすほど上達する。

始めたばかりのころは、役に立つことは何もしていないという気分になるかもしれないが、心配はいらない。1年も続けていれば、価値を実感できるようになるだろう！

【著者】

ダリウス・フォルー（Darius Foroux）

ベストセラー『THINK STRAIGHT』『What It Takes To Be Free（自由になるために必要なこと）』を含め7冊の著作がある。2015年にブログを開設し、6つのオンラインコースを創設。人生、ビジネス、生産性、資産形成に関する考えを執筆している。
『タイム』誌、NBCテレビ、『ファスト・カンパニー』誌、『オブザーバー』紙など、多くのメディアで特集が組まれ、その思想や活動が紹介された。ブログの読者は月間50万人を超え、記事の購読者は3000万人以上になる。

【訳者】

桜田直美（さくらだ・なおみ）

翻訳家。早稲田大学第一文学部卒。訳書は、『The Number Bias 数字を見たときにぜひ考えてほしいこと』（サンマーク出版）、『「科学的」に頭をよくする方法』（かんき出版）、『世界最高のリーダーシップ「個の力」を最大化し、組織を成功に向かわせる技術』（PHP研究所）、『アメリカの高校生が学んでいる投資の教科書』（SBクリエイティブ）、『ロングゲーム 今、自分にとっていちばん意味のあることをするために』（ディスカヴァー・トゥエンティワン）などがある。

まっすぐ考える
考えた瞬間、最良の答えだけに向かう頭づくり

2024年1月10日　初版印刷
2024年1月15日　初版発行

著　者　ダリウス・フォルー
訳　者　桜田直美
発行人　黒川精一
発行所　株式会社サンマーク出版
〒169－0074 東京都新宿区北新宿2－21－1
電　話　03(5348)7800
印　刷　三松堂株式会社
製　本　株式会社若林製本工場

定価はカバー、帯に表示してあります。
落丁、乱丁本はお取り替えいたします。
ISBN978-4-7631-4048-7 C0030
ホームページ　https://www.sunmark.co.jp